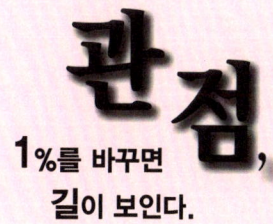

관점,
**1%를 바꾸면
길이 보인다.**

이창호 지음

해피&북스

관점,
1%를 바꾸면 길이 보인다.

이창호 지음

해피&북스

프롤로그

　구름 속을 아무리 보아도 거기에는 인생이 없다. 반듯하게 서서 자기 주위를 둘러보라! 자기가 목적한 것을 붙들 수가 있다.
　어떠한 경우에도 인생에서 완전한 만족이란 없는 것이다. 자기가 목적한 것을 달성하기 위해서 힘차게 찾아 일하는 하루하루가 인생인 것이다. 시간이 흘러가면 해결되겠지, 게을리 걸어도 결국 목적지에 도달할 날이 있을 것이라는 소극적인 생각은 큰 잘못이다. 하루하루 전력을 다하지 않고는 그날의 보람이 없을 것이며 동시에 최후의 목표에 능히 도달하지 못할 것이다. 의의 있는 일에 복종하는 것은 인간의 지혜이다. 그것을 방해하는 것을 정복해 가는 것이 삶이다. 정복 없이는 삶의 내용을 얻지 못한다. 삶을 나의 것으로 만들려면 정복이 필요하다. 우리는 정복으로 빛나야 한다. 자기가 목적한 것을 위해서 공부하고, 일하고, 노력하는 이 순간이야말로 영원히 아름답다! 그와 같이 지낸 과거의 날들은 영원히 멸하지 않으리라! 이러한 순간에야말로 나는 가장 큰 행복을 예감하는 것이다.

　　　　　　　　　　　　　　　　　　　　－ 괴 테 －

인생은 내 맘대로 되는 것이 아니다. 하지만, 뜻한 바를 이룰 수 있는 것이 또한 인생이다. 인생에 있어 성공과 행복은 환경에 의해서 오는 것이 아니고 우리 자신의 노력과 정복에 의해 얻을 수 있다. 오직 문제는 우리에게 주어진 인생을 얼마나 지혜롭게 풀어갈 수 있는가에 달려 있다. 일생의 성패는 여기서 결정된다.

한 번 뿐인 인생에서 후회 없는 삶을 살기 위해 긍정적이고 생산적이며, 적극적인 사고와 행동으로 최선을 다해야 하는 것이다.

최근 수많은 사람들이 자신과 사회에 대해 불신하고 좌절하곤 한다. 분명한 인생관 없이, 미래에 대한 확실한 목표도 없이 하루하루를 무의미하게 보내면 끝없는 후회만 남게 될 것이다. 이렇게 자신을 잃어버린 채로 살기에는 소중한 시간이 너무 아깝다. 자신의 새로운 모습을 발견하고, 자신을 가로막고 있는 벽을 발견하고, 자신의 성장을 발견하고, 자신의 멋진 매력을 발견하는 것에 온 힘을 쏟아 부어야 하는 것이다. 그렇게 할 수 있는 수많은 방법이 바로 여기에 담겨져 있다.

무엇보다도 열린 마음으로 책장을 넘겨주길 바란다.

이 책을 통해 여러분들이 삶의 새로움을 발견하려고 노력한다면 언젠가 힘들고 지칠 때 환하게 빛나는 희망을 보게 될 것이다.

차 례

프롤로그 ──────────────────────── 4

|제1장| 새로운 여정 ──────────── 13

거대한 힘 ──────────────────── 15
전진을 뜨겁게 하라 ──────────────── 17
난 구두닦이와 가방모찌를 해 봤다 ─────── 17
무궁무진한 새로움을 익혀라 ──────────── 18
전력을 기울여 최선을 다해라 ──────────── 21
작은 일에도 혼을 담아보자 ──────────── 22
나의 우선순위는 무엇인가 ──────────── 23
신념을 확고히 하지 않으면 금세 무너진다 ───── 26
나를 아는 것이 도약하기 위한 첫 걸음 ────── 28
한 가지에 몰입(沒入)해 보라 ──────────── 30
진정한 보석은 가릴 수 없는 법 ──────────── 31
하는 것이 아니라 되는 것 ──────────── 32
최고의 기쁨은 일을 통해서 ──────────── 34
넓은 마음에 독특함이라는 씨앗을 뿌리자 ───── 37

|제2장| 일을 대하는 나의 자세 — 41

바른 자세가 일의 효율을 높인다 — 43
생산성은 태도다 — 45
목표는 산마루지만 올라가는 길에는 여러 갈래가 있다 — 47
강하게 표출된 꿈은 곧 현실이 된다 — 49
보람 있는 일이 최고의 직업 — 51
뜨거운 사명감이 실력을 만든다 — 53
초심을 잊지 말자 — 54
최고의 가치는 고객으로부터 — 56
냉철한 사고의 힘을 이끌어 내자 — 58
작은 것부터 아끼는 것이 회사를 성장시킨다 — 60
내면을 채우는 것이 우선이다 — 62
도처에서 주인이 되는 길 — 64
현대사회는 연출(演出)의 시대 — 65
이름과 책임감은 함께 간다 — 67
도량(度量)을 크게 가져라 — 69
모든 관계의 시작은 인사에서부터 — 71
흐르는 물은 거꾸로 흐르지 않는다 — 74
리더는 설득을 통해 자발성을 유도해낼 수 있어야 한다 — 77
때는 반드시 온다 준비하고 준비하라 — 79
적절한 쉼을 통해 자극을 주어라 — 81
무엇보다 기초가 제일이다 — 83
전력투구했다면 후회가 없다 — 84
반성과 계획은 현대사회를 살아가는데 필수 — 86

|제3장| 일과 도전정신   91

한 곳에 힘이 모이면 뜻이 이루어진다 — 93
중요도 리스트가 여유를 부른다 — 95
일에 있어서 완벽주의는 멋진 것이다 — 97
일에서 아름다움을 찾아내는 즐거움 — 99
스타트가 그 뒤의 인생을 결정한다 — 101
끝마무리에 따라 일의 승부가 정해진다 — 103
우수 인재, 보통 인재 스크랩 인재 — 105
실패는 성공의 수업료다 — 107
대담하게 나아가는 용기, 작은 것도 놓치지 않는 세심함 — 108
잔잔한 감동이 있는 배려의 힘 — 110
건강한 경쟁심리가 높은 고지에 오르게 한다 — 112
일은 현장에서 승부를 봐야 한다 — 114
불균형과 불통이 낭비를 만든다 — 116
그날의 일은 그날 끝내자 — 119
고정관념의 벽을 무너뜨리면 새로운 아이디어가 샘솟는다 — 121
궁하면 통한다 — 123
물 흐르는 듯한 페이스를 유지하자 — 125
일을 맡기고 싶은 신뢰가 가는 사람 — 127
체계적이고 간결한 메모 습관 — 129
가장 큰 배움은 가르침 속에서 얻어진다 — 130
부드러운 융통성을 발휘하면 일이 쉽다 — 133
일은 표준화 단순화 전문화로 — 135
시행착오라는 모험에서 생겨나는 굳건한 신념 — 136

남의 충고를 받아들이는 것은 사고예방 시스템이다   138
유레카를 만들어 내는 결단의 힘   140
신선함이 주는 부드러운 감수성과 편안한 행복감   142
길은 점프하여 뛰어 넘는 것이다   144

|제4장| 성공으로 가는 길   149

인간이 배울 수 있는 수단은 세 가지밖에 없다   151
직장을 옮겨야 할 때   153
20대는 천직을 찾기 위한 시기   155
20대는 모색, 30대는 힘, 40대는 지혜, 50대는 안정   156
나에게 일은 도락(道樂)과 비슷한 것이다   158
인생은 일장의 드라마다   161
무엇이 정열에 불을 피우는가   162
열정과 이상형과 믿음   164
깊은 의식 속에 강렬하게 새겨지도록   166
때를 기다려라   168
두 번 다시 돌아오지 않는 나의 시간들   170
돈을 쓰는 것을 통해 그 사람을 알 수 있다   172
절약하지 않으면 마음의 여유를 잃는다   174
감정 전이 현상, 상대를 좋아하라   176
인맥의 기본은 기브 엔 테이크   178
좋은 친구는 참다운 벗이자 훌륭한 스승   179
신뢰와 신용이 깨지면 모든 것을 잃는다   181

정보수집의 귀신이 되어라 184
책은 언제나 가장 든든한 아군이 되어준다 185
글로벌 매너가 국가 간의 벽을 무너뜨린다 188
깊이 사고하는 것이 굳은 신념을 만드는데 가장 으뜸가는 일이다 190
때때로 NO라는 당돌함을 보이지 않으면 192
자연을 벗으로 삼아야 하는 시기 194
철학, 상식, 과학, 예술을 넘나드는 지식체계를 가져라 196
놀아야 할 때를 잊지 마라 198
성공할 수 있는가는 가정의 안정에 달려 있다 200
부부는 상호의존성을 잊어서는 안 된다 202
한 사람을 결정짓는 수많은 요소 중 단연 중요한 것 203

|제5장| 매력의 조건 207

사람을 겉모습으로 판단해도 된다? 209
눈은 영혼이 드나드는 창이다 211
여유 있는 걸음걸이에서 모든 것이 드러난다 213
가슴 속에 서린 정열과 신념으로 부딪혀라 215
상대를 파악하는 예민한 촉각 216
한결 같은 모습이 신용과 신뢰를 약속해 준다 218
경험이라는 다양한 물감을 가지면 멋진 그림을 그릴 수 있다 220
백 명을 움직이는 것은 한 사람의 넓은 마음이다 222
무서운 결단력을 가진 사람이 리더가 된다 224
순식간에 해치우는 민첩함을 보여라 226

누가 뭐라고 해도 변하지 않는 꾸준함에는 묘한 매력이 있다　228

한결 같은 모습이 최고의 신용장이다　229

자신의 강점을 극한까지 끌어 올려라　230

일만 하고 놀지 않으면 바보가 된다　232

젊음이 힘이다　234

위트와 유머가 상황 장악력을 키워준다　236

적절한 절제가 더 아름다운 법이다　237

경청을 기본으로 한 대화야말로 참다운 소통　239

표현력이라는 강력한 창은 어떤 방패도 뚫는다　241

자신의 모습을 안다는 것　243

최고를 꿈꾸면 살아서 전설을 남긴다　244

| 제 1 장 |

새로운 여정

1 새로운 여정

책장을 펼치면 모든 것이 시작된다.
조용하기만 하던 글자들이 일순간 꿈틀댄다.
한 장을 더 넘기면 모든 활자들이 바짝 긴장하며 준비태세를 갖춘다.

독자의 눈이 제목에 와 닿는 순간만을 기다리며 모두가 웅성거리고 있다.
명사, 품사, 조사 너나 할 것 없이 모두가 시끄럽게 요동친다.
수문이 활짝 열리기만을 바라는 형국이다.

한 장 더 넘기면 힘차게 출발하는 새로운 여정의 시작이다.
책장이 닫히는 순간까지 글자들은 저마다의 문장을 이루며 마법을 일으킬 것이다.
그러다 책장이 닫히면 일순 모두가 숨을 멎은 듯 잠잠해진다.

■ **거대한 힘**

삶은 자신과의 싸움이다.
하지만 또 한편으로는 심연으로의 여행이다.
자신만의 소중한 잠재력을 찾아가는 과정이기 때문이다.

사람의 잠재력은 빙산에 비유되곤 한다.
겉으로 드러난 부분은 극히 일부분일 뿐이다.
하지만, 물 밑으로 거대하고 그 정도를 가늠할 수 없을 정도의 규모로 자리잡고 있다.

잠재력을 찾아간다는 것은 어두운 물 밑으로 두려움을 가지고 내려가는 것과 같다.
물 밑에 있는 거대한 힘을 찾기 위해 모험을 해야 하는 것이다.
가장 소중한 힘이 존재하는 그 장소까지 어떻게 갈 수 있을까.
가만히 앉아서 빙산이 떠오르기를 기다릴 것인가.
꿈이 있는 사람이라면 두려움을 이겨내고 스스로 조금씩 밑으로 내려갈 것이라고 믿는다.

그 아래에는 끝이 없는 가능성이라는 잠재력이 분명히 당신을 조용히 기다리고 있을 것이다.

■ 전진을 뜨겁게 하라

자기 앞 길에 어떠한 운명이 기다리고 있는가, 그것을 묻지 말고 앞으로 나아가라! 그리고 대담하게 자기의 운명에 직면하라! 이것은 옛말이지만 거기에 인생의 풍파를 넘어가는 묘법이 있다. 운명을 겁내는 사람은 운명에 먹히고 운명에 부닥치는 사람은 운명이 길을 비킨다.

사람 앞에 무슨 일이 생길 것인가 묻지 말라! 오로지 전진하라! 그리고 대담하게 자신의 운명에 부딪쳐라! 이 말에 따르는 사람은 물새 등에 물이 흘러 버리듯 인생의 물결이 가볍게 뒤로 사라진다.

〈비스마르크〉

■ 난 구두닦이와 가방모찌를 해 봤다

일이라는 것은 재미없는 것이다.

인생 코스의 세 접점(接點)인 입학, 취직, 결혼을 두고 보더라도, 자기의 의사로 학교를 선택하고 자기의 뜻대로 회사에 근무할 수 있는 사람은 불과 한두 명밖에는 꼽지 못한다.

  대개는 자기 자신도 도저히 이해할 수 없는 운명의 실타래에 조종당해 직업을 얻게 되는 법이다.

  또한 사회에 첫걸음 하기 전에는 자기 자신과 사회에 대해서 잘 알 수도 없고, 스스로가 만족하다고 할 수 없는 직업을 선택해야 되는 것이 사회인의 스타트다.

  어느 누구라도 적성에 맞는 일은 없을 것이고 처음에 하는 일이 재미없을 것은 당연하다. 그러나 일단 직업을 얻었으니까 일을 배워 보자, 이러한 심정일 것이다.

  필자 또한 사회생활을 시작하고 처음부터 하고 싶은 일을 한 것은 아니었다.

  구두닦이와 가방 모찌 등 안 해본 일이 없을 정도로 사회라는 구조 속에서 다양하고 신기한 일들을 경험하였다. 보람되고 뿌듯한 일도 있었지만, 힘들고 고되며 억울하고 아찔한 순간들도 많았다. 이렇듯, 처음 일을 시작하게 되면 누구나 학교라는 곳과 사회의 차이를 실감할 수밖에 없는 법이다.

■ 무궁무진한 새로움을 익혀라

  나는 신입 사원을 교육할 때, "지금 이 순간 얼마나 행복하십니까?"라는 질문을 던져 본다.

  그럼 교육생들은, "80% 행복합니다.", "100% 행복합니다." 등의 대답을 한다. 그리고 "그렇다면 회사라는 것은 어떠한 곳입니까?" 하고 물어보면 "회사는 일하는 곳입니다."라든가, "회사란 돈을 버는 곳입니다."라는 대답이 나온다.

하지만 나는 "월급을 지급해 주는 것은 고객들입니다. 고객들이 회사의 상품을 사주고 다른 회사보다 차별화된 마케팅 서비스 때문에 월급을 지급할 수 있는 것입니다."라고 설명을 한다. 공공장소라든가, 학교 같은 비영리 단체에서는 수입이 결정되어 있어, 그 테두리 안에서 지출을 억누를 것이다.

그런데 다른 대부분의 조직에서는 수입이라는 것이 그야말로 불안정하다. 따라서 수입이 많고 적은 것은 고객에 따라서 결정되며, 이는 곧 고객이 시험관인 것이다. 고객들의 눈에 서비스가 좋다든가, 값이 비싸다든가, 고객들이 원하는 목적이 달성 된다든가 등등, 일의 성과를 감정하는 것이다.

사회라는 것은 한 사람 한 사람이 조그만 톱니바퀴처럼 서로 맞물려서 일을 하는 곳이고 또한 자기에게 일을 맡겨주는 상대가 고객들이라고 생각하면 된다. 그러나 상대방이 반가워하지 않는 일이라면 서로 맞지 않을 것이고 갈등을 빚을 것이다. 사회 전체에 영향을 줄 수도 있다. 아무리 작은 일이라도 관계가 없다고는 말할 수 없는 것이다.

일이라는 것은 상대방을 만족시키도록 품질, 서비스, 고객감동을 끊임없이 음미하지 않으면 안 되는데 이러한 합리적인 면은 학교에서는 가르쳐 주지 않는다.

학창시절 한 분야를 전공했다고 하여 전문가가 된 기분으로 평생 그 분야에서 일하겠다고 결정해 버리는 사람이 있다. 하지만 학창시절에 배운 것을 직장생활에 접목한다는 것은 너무나 작은 것에 불과하다. 그러므로 사회생활을 처음 하는 자기 자신이 아무것도 모른다는 것을 깨닫는 것이 가장 중요하다고 할 수 있다.

학교 졸업식은 곧 회사인으로서의 첫걸음, 나아가서 사회 일원으로서 시작인 것이다.

사회생활에서의 시간관념, 타이밍, 이러한 중요한 일도 학교에서는 가르쳐 주지 않는다.

일이라는 것은 망할 수도 있게 되어 있다. 끊임없이 고객들이 요구하는 것이 무엇인가를 항상 진지하게 생각하며 개선해 나아가지 않으면 고객들은 외면해 버리고 만다. 한 사람 한 사람이 상대방의 처지가 되어서 보다 좋게, 보다 훌륭하게, 보다 품격 있게 개량(改良)해 가는 것이 일의 본질(本質)인 것이다.

그러나 이 정도만을 이해하는 데도 시간이 꽤 걸리는 법이다. 이해했다고 하더라도 쉽게 몸이 움직이고 일하는 손길이 저절로 움직이려면 상당한 세월이 필요하다.

학교를 졸업하면 학력이 되지만 실전 경험은 없는 것이다.

학력이 곧 실력이 될 수는 없다. 학교는 나오지 못했지만 사회생활의 경험 속에서 지내온 사람들은 까다로운 일도 시원하게 처리해 나간다.

또한, 너무나 환경이 좋으면 몸도 머리도 쓰지 않게 된다.

폐용성위축(廢用性萎縮)이라고 하여 쓰지 않으면 적응력(適應力)이 작용하여 기관(器官)이 작아져 간다. 다시 말해서 걷지 않으면 다리가 약해지는 것과 같다.

일찍 죽고 싶지 않다면 열심히 일을 해야 한다. 자연을 이용하고, 머리를 쓰고 계속해서 창조적인 활동을 해야 하는 것이다.

■ 전력을 기울여 최선을 다해라

생리적, 경제적 욕구는 충족되어 의식주 걱정은 없으므로 즐겁게 일할 수 있는 직장이면 좋겠다는 사회적 욕구, 특히 자기의 특성을 살리고 싶은 자기 표현력의 요구가 높아져가고 있다.

물질적인 대우보다도 일을 즐길 수 있는가, 정신적 만족을 얻을 수 있느냐 없느냐의 번민이 크다.

어느 곳에 가도 직장은 있다. 인재자유화시대(人材自由化時代)를 맞이하여 회사를 옮기거나, 직장을 바꾼다는 데에 저항을 느끼지 않는 시대라고 할 수 있으리라. 물론 이것은 경제대국을 두고 하는 말이다. 중진국에게는 장차 다가올 문제이기는 하지만, 아무래도 일이 재미가 없다. 바꿔볼까, 하고 생각하는 것은 20대 청년이라면 누구나가 경험하는 일이다.

낯선 환경에 적응이 되지 않고 인정을 해주는 사람이 많지 않기 때문이다.

하지만, 사회에서 초년생의 신분으로 중년층에게 자신의 생각을 열심히 이야기한들 상대는 그 말에 수긍하기 힘들 수 있다. 때문에, 자기의 말을 들어줄 만큼의 자격과 실적을 자기 자신의 노력으로 만드는 것이 가장 급선무이다.

바로 가든 모로 가든 목적지까지 가지 않으면 안 된다고 생각하고 자기에게 주어진 일이 어떠한 것이든 전력을 기울여 최선을 다해보도록 하자.

■ 작은 일에도 혼을 담아보자

앞에서 이러쿵저러쿵 말했지만, 처음 일을 시작할 때는 보잘 것없고 단순한 업무로 시작한다. 처음 회사에 입사했는데, 상사가 복사업무와 청소만을 2주일간 시키면 어떤 기분이 들까? '대학졸업생을 깔보고 있어' 하고는 그만두고 싶은 심정일 것이다. 하지만, 단순하고 작은 일일지라도 완벽하게 할 수 없는 사람은 큰 일을 맡겨도 처리할 수 없는 법이다.

사소한 일일지라도 허술히 보지 않고 연구열(研究熱)을 불태우는 사람은 일의 과정을 통해서 착실하게 일을 성공시킬 수 있는 요체를 체험해 간다. 그리고 머지않아 큰 일도 수월하게 해낼 수 있게 된다.

일을 처리하거나 일을 대하는 자세는 일의 크고 작은 것과는 관계가 없다. 하찮은 일이라고 하여 허술히 보는 태도가 잘못된 것이다. 이러한 의미에서 기초적인 작업부터 젊었을 때 자진해서 꼼꼼히 쌓아 두는 것이 좋다.

조직이라는 곳은 높은 분들이 머리를 써서 계획을 짜고 지시하는 곳이지만 실제로 무언가 이루어지는 곳은 현장이다.

이 생생한 삶의 현장을 속속들이 앎으로써 비로소 상대를 리드할 수 있다. 현장을 모르고 지휘봉을 휘둘러 보았자 헛바람

소리만 내게 된다. 하지만 삶의 현장에서는 물건, 돈, 사람의 움직임이 보이는 살아 있는 장소이므로 배울 것이 많다. 이러한 현장에서 어떻게 때를 관찰하고 흡수하는가가 중요한 것이다.

항상 공부하고 연구해 가노라면 좋은 성과가 나타나기 마련이다. 일은 정직하다. 그러므로 모든 것을 정직하게 대답해 준다.

실험도 하지만 처음부터 잘될 리는 없고 실패를 한다. 그러면 다시 한 번 생각해 본다. 그리고 또다시 실험을 해 본다. 참고서도 읽어 보고 친구와 이야기를 나눠 본다. 이처럼 일에 대한 연구심이 일을 통해서 내면에 싹트게 되면 따분한 줄도 모르게 된다.

때와 장소를 가리지 않고 무엇이든지 놀라움의 눈길로 사물(事物)을 본다. 그리고 의문을 지닌다. 제대로 만들 수는 없을까 하고 생각하노라면 호기심이 솟아난다.

어떠한 직장이든 간에 귀신같이 일하는 사람이라는 말을 듣는 사람들은 깊이 연구하는 사람들이다. 그러한 사람들이 하나하나 신경을 쓰는 법을 알면 좋은 참고가 된다.

자기하고 관계가 없다고 아예 외면해 버리지 말고 무엇이든지 자신의 것으로 만들어 보려는 의욕이 있으면 자연적으로 주의 깊게 사물을 보게 된다.

■ 나의 우선순위는 무엇인가

'일삼법칙'이라는 말이 있다. 자신이 보거나 들은 일은 자기

가 하는 일 세 가지에 적용하고 응용한다는 말이다. 만일 이러한 마음만 가지고 있다면 재료는 널려 있다.

여행하는 것, 노는 것, 자기와 전혀 다른 일을 하는 사람과 친구가 되는 것도 모두 아이디어를 제공받게 되는 요인이 될 것이다.

가만히 생각해 볼 때 기발한 일이라고 할 수 있는 것은 지금까지의 응용이며, 지금까지 있던 것을 교묘하게 짜 맞추어 올린 데에 지나지 않는다.

보는 것, 남의 말에 귀를 기울여 듣는 것을 자기의 일에 결부시킬 정도가 되면 상당히 일에 재미가 붙었다는 증거다.

20대에는 일을 배우려고 노력하지만 아무래도 정신이 온통 일에 집중되지 않는 법이다. 그 나이에는 머릿속에 실컷 놀고 즐기고 싶다는 생각이 지배적일 것이다. 그리고 여자친구도 사귀고 싶고, 돈도 많이 벌고 싶다는 생각만 할 뿐, 일 한 가지에만 집중할 수는 없을 것이다.

나도 그러했다. 무엇이든지 한번 손대보고 싶었다. 그러나 이내 정신만 산만해지고 말았다. 또한 남이 하고 있는 일은 모두 좋게만 보였다. 그래서 한곳에 정신을 집중할 수가 없어 난처했던 기억이 있다. 젊을 때에는 토대가 될 만한 것을 무슨 일이 있더라도 온몸에 익히는 것이 중요하다. 나는 20대에는 월급이 몇 푼 되지 않았지만 월급의 4분의 1은 책값으로 썼다. 인생이란 무엇인가를 희생시켜서 한곳에 집중하지 않으면 성공할 수 없는 법이다.

일단 바꾸는 것은 30대, 40대에 하기로 미루어 놓고 20대에는 한 우물만 파며 열심히 노력하며 살아야 한다. 성공한 인생을 살려면 20대 때에는 해야 할 일에 집중하는 것이 성공의 문을 여는 열쇠다.

또한 혼자만의 고독(孤獨)으로써 자기 자신과 대결해 보는 것도 좋을 것이다. 무엇이 하고 싶은가, 자기가 좋아하는 일, 자기가 해 보고 싶은 일이 분명히 떠오르면 가장 좋다. 인생관이 확립되면 직업관도 확립된다.

20대 때에는 월급 액수의 다소보다도 자기의 운명을 뒤바꿔 버리는 결정적인 기회를 주는 사람을 만날 때 감수성이 강한 청년이라면 인생의 방향이 분명하게 결정되어 버린다.

나는 젊은 시절 뛰어난 인물과 만나고 싶은 갈망을 품었기 때문인지 이러한 기회의 수혜자가 되어, 인생관을 일찌감치 굳힐 수 있었던 것은 큰 행운이었다.

■ 신념을 확고히 하지 않으면 금세 무너진다

성공하는 사람에게는 의식하는 마음이 있지만 실패하는 사람에게는 의식하는 마음이 없기 때문에 신념을 확고히 하지 않으면 안 된다.

의식하는 마음이 있으면 그 뒤에는 창조(創造)하는 마음이 모든 것을 정리해 준다.

예를 들면 원고를 쓸 때 약간이라도 망설여지는 것은 테마를 의식하고 있지 않기 때문이다. 강연도 마찬가지다. 연구개발(研究開發)이라는 테마를 받았다면 서재에 써 붙여 놓고, 또 수첩에 적어 넣고 길을 거닐 때나 차로 이동할 때라도 그것에 대하여 의식하고 나머지는 방치한 채 창조하는 마음에 맡겨 두면 된다.

우리 주위에서는 얼마든지 힌트와 아이디어가 산재해 있다.

나는 과거 30년 동안 내일 하루를 어떻게 보낼 것인가를 밤에 잠자기 전에 생각했다. 무엇을 할 것인가, 중요한 일, 동시에 할 일, 읽어야만 할 것 등을 써서 의식하는 것을 습관으로 삼았으며 다음 날 아침에 다시 한 번 점검했다.

아침에 깨어나면 어젯밤에 생각했던 것보다 더 좋은 아이디어가 떠오를 때도 있다. 이러한 조그마한 일을 허술하게 여기

지 않고 쌓아 가는 것이 인생이다.

　또한 습관이 붙으면 의식하는 마음이 주인공이 되고 창조하는 마음은 심부름꾼이 되어 아주 쉽사리 무슨 일이든지 실천할 수 있게 된다.

　나도 20대 때에는 어떠한 일을 할 때 정신 집중을 할 수가 없었다. 남들이 하는 일에 더욱더 신경이 쓰이고 관심을 가졌다. 또 옆에 있는 꽃이 더 빨갛게 보이고 저쪽에 있는 잔디가 더욱 짙푸르고 아름답게 보였다. 일에 대해 집중할 수 있게 된 것은 30대에 접어들면서부터였다.

　조급히 서두르다보면 일도 안되고 신체적으로도 좋지 않은 법이다. 조급한 마음이 들어 차 안에서도 무엇인가를 하지 않으면 마음이 안정되지 않았다. 하지만 이래서는 안 되겠다 싶어서 차 안에서는 바깥 세계와 단절한다는 의미에서 의식적으로 눈을 내리감기로 했다.

이런 행동이 습관화되자 3분 만이든 5분 만이든 잠들 수 있게 되었다. 지금은 어느 장소이든 1분 만에 잠이 들어 버린다. 잠을 자는 것 이외에는 아무것도 생각하지 않는다. 잠자는 일에 집중하는 것이다.

무엇인가 문제에 부딪치면, 특히 그 문제에서 가장 중요하게 여겨지는 것을 끄집어내어서 이것을 어떻게 요리할까, 하고 종이쪽지에 그 문제를 메모하고 또한 수첩, 침실, 책상 등등, 눈에 띄는 곳에 붙인 뒤, 끊임없이 의식할 수 있도록 했다. 매일매일 생각하고 또 생각한다. 그리고 깊이 생각한 후, 결론을 내리기 위해 곧잘 유명한 호텔의 로비라든가 절간의 경내(境內)를 이용하였었다.

그 곳을 이용하는 이유는 우선 돈이 들지 않는다는 것과 조용하다는 이점 때문이었다. 심사숙고(深思熟考), 생각에 푹 잠겨 보는 것이다. 아내에게도 "오늘은 기도나 드리러 가야겠어." 하고 선언하면 여러 말 하지 않더라도 나의 일에 대하여 전혀 간섭하지 않는다.

■ 나를 아는 것이 도약하기 위한 첫 걸음

20대 때에는 직장에 대하여 잘 모르는데다가 자기 자신이 갈 방향도 확정되어 있지 않으므로 직장에 융화(融和)하려는 노력이 필요하지만 아무래도 꼭 들어맞지 않을 수 있다. 20대 젊은 시절에는 모든 것을 탐색해 보는 시절인 것이다. 또 마음이 곧잘 변하는 시기이기도 하다. 회사를 옮겨 보아도 좋을 것이다. 조그마한 일을 통하여 사물에 대한 관찰력, 분석력, 창조력을 몸에 익히고 일에 대한 자세를 확정짓는 시기라고 볼 수 있다.

그 다음으로 오는 것은 자신에 대한 자아발견이다. 사람에겐 각각 그 자신만이 가진 장점이 있다. 면접시험에서 "당신의 장점, 단점을 각각 다섯 가지씩 말해 보시오." 하고 질문하니까, 좀처럼 답변을 하지 못했다. 자기 자신을 아는 것이 모든 성공의 출발점이 된다. 그러나 자신을 가장 잘 알고 있어야 함에도 그것을 알기란 쉽지만은 않다.

그렇기 때문에 자신의 모습을 잘 관찰하는 습관을 들이는 것이 좋다. 작은 거울을 가지고 다니는 것도 하나의 방법이 될 수 있다. 거울을 통하여 오늘은 얼굴에 기름기가 도는데, 오늘은 좀 지친 빛이 감도는구나, 하는 등 끊임없이 자기 점검을 하는 것이다.

또한, 자기의 성격, 능력을 여러 항목으로 자세히 써서 상사, 동료, 부하 등, 늘 접촉하고 있는 사람들로부터 무기명으로 솔직하게 기입해 평가받는 것도 하나의 방법이 될 수 있다. 끊임없이 제삼자로부터 충고의 말을 들어보는 것이다. 이것이 직장에서 곧잘 하는 상호평가 제도다. 좋은 스승, 좋은 친구, 좋은 아내 등 친한 사람들로부터 끊임없이 자기 자신의 장점 및 단점에 대하여 충고를 받을 수 있는 사람은 행복하다.

■ 한 가지에 몰입(沒入)해 보라

젊은 시절 나는 연세 있는 분들로부터 무척 귀염을 받은 편이었다. 그래서 그랬는지 인생 경험이 풍부한 분들을 자진하여 곧잘 찾아갔었다.

그분들이 해주시는 좀처럼 듣기 힘든 충고를 수첩에 메모해 두고 끊임없이 반복하여 읽었다. 또 섣달 그믐 제야(除夜)의 종소리를 들으면서 정신을 새롭게 하여 그동안 써왔던 일 년 간의 메모를 앞에 놓고 새해에 성취할 목표를 계획하곤 하였다.

이십대 중반 무렵에 썼던 메모를 펼쳐 보니, '비밀을 지켜라', '어른답게 행동하라', '고자질을 하지 마라' 등이 씌어 있었다.

'설명은 80%, 20%는 인정에 호소하라', '연락이나 포섭 선상에 떠오르는 사람을 잊지 마라!', '노력!' '서둘러대지 마라!' '약삭빠르게 굴지 마라!' 등등 다양한 것들이 적혀 있었다.

30대 때에는 자기의 장점을 깊이 파고들고 목표를 향해서 한 걸음 더 다가설 때이다.

'두 마리의 토끼를 쫓지 마라!', '노력!', '서둘러대지 마라!'라는 등, 지난해와 똑같은 것을 되풀이하여 자신을 컨트롤하는 것도 좋다.

메모장의 표지 뒷면에 상대방의 처지를 공감할 수 있는 사람, 발표력이 있는 사람, 심리를 알 수 있는 사람, 등등 크게 써놓고 무언가 배울 수 있는 사람을 찾아가 조언을 구하는 것도 좋다.

  우선, 메모하는 습관을 들이고 10년 동안 한 가지에 몰입(沒入)해 보라. 세상은 당신을 그 분야에서 최고의 전문가로 인정하여 줄 것이다.

■ 진정한 보석은 가릴 수 없는 법

  일에 대하여 '자신' 할 수 있는 사람은 없다. 필자도 돌이켜 보면 처음 강단에 선 뒤 수많은 시행착오를 거쳤다. 등에 식은 땀이 흐르는 순간들이 아직도 머릿속에 잊혀지지 않고 있다. 자신감이란 후천적으로 생겨나는 것이다. 한 번의 실패에 주저앉지 말고, 비관하지 말고 다시 한 번 도전해 보아야 한다. 그러다보면 지구력이 생기고 익숙해져서 고칠 것이 없어진다. 또한 의식하는 행동이 경험으로 인하여 습관이 되고 그것이 본인의 개성으로 굳혀져 가는 법이다.

  사람들에게는 능력의 유무가 아닌 끊임없이 지속해 가는 노력이 중요하다. 지속하는 기간이 길수록 그 속에 숨은 에너지는 큰 법이며 닦고 닦은 실력으로 배양되어 간다.

  그 사람이 지닌 내면의 힘에 사람들은 이끌린다. 이것이 바로 매력(魅力)이라는 것이다.

  남아메리카 보석 상인들이 전해 주는 이야기가 있다. 멕시코 오팔이라든가 아크아마린 등의 보석을 풋내기들에게 보일 때에는 물에 담근다든가, 까만 크로스 위에 얹어 놓고 보인다든가, 강력한 라이트를 비친다든가 하면 몇 배나 더욱 반짝거려 진짜와 가짜의 차이를 전혀 구별할 수 없게 된다는 것이다. 그들은 여러 가지로 그것을 실험하여 보여 주기도 한다고 전해진다.

과연 힘이 없는 자는 여러 가지 잔재주에 속아 넘어가게 마련이라는 것을 알 수 있다. 하지만, 정말 가치 있는 보석은 아무리 악조건 하에 놓일지라도 그 빛을 잃지 않는 법이다.

■ 하는 것이 아니라 되는 것

매력은 사람을 빛나게 하며 오랜 세월 비바람에 시달리고 깎인 결정체인 것이다.

인간의 매력은 잠시 어디서 빌리는 그런 것이 아니다. 나의 길을 가노라면 그 여정에 어떠한 곤란한 문제가 있든 간에 강한 인내로써 난관을 극복해온 신념과 그리고 행동의 축적으로써만 얻을 수 있는 것이다.

작은 성공에 도취되어 만족하지 말고 계속 책 페이지를 펼쳐 멈출 줄 모르고 공부하는 젊음, 그것이 인간적인 매력인 것이다. 정신적으로도 육체적으로도 젊고 신선해야 한다. 마흔 살이 넘으면 성공하든 실패하든 자기 자신에게 책임이 있다고 한다. 또한 내면적으로 커다란 변화를 일으키면 얼굴 모양이 달라진다.

젊은 사람들 중 2~3년 만에 만나 보면 얼굴 모양이 완전히 달라진 사람들이 있다. 이러한 사람들은 내면적으로 큰 변화가 있었다는 증거다.

　필자는 전국적으로 강의를 하며 다양한 곳을 다닐 때 사진을 많이 찍어 두는 편이다. 일 년이 지나 그 사진들을 살펴보면 미묘하게 변해가는 얼굴과 그 때의 심정을 헤아려 볼 수 있다. 하루하루의 변화는 나 스스로도 깨닫지 못하지만 일 년이라는 세월을 놓고 볼 때에는 크게 변화한 것을 알 수 있기 때문이다.

　일, 생활 태도 등의 하루하루의 축적, 또 그 변화는 눈에 보이지는 않지만 인간의 일생을 좌우한다. 나쁜 것은 단호히 중지해야 하며, 자기 자신에게 도움이 되는 것이 무엇인지 잘 살펴보아야 한다. 자신과의 싸움, 자신을 이기는 훈련은 건강 유지로써 실험해 볼 필요가 있다.

　자기 자신을 알아야 한다. 필자는 고등학교에서 교육을 받을 때에 "가지는 가지, 오이는 오이, 모두 생김새가 다르듯이, 제각각 누구에게도 지지 않는 한 가지의 특성은 가지고 있다. 그 특성을 발견하여 가꾸어 가는 것이 사회를 살아가는 길이다"라고 배웠던 기억이 난다.

　자기 자신을 잘 안다는 것이 성공의 지름길이다. 하지만 자기가 갈 길을 찾아 헤매는 기간에는 누구나 시행착오를 겪으면서 실수할 때도 있다. 그러나 실수로 인해 실망하지 않아야 한다. 왜냐하면 실수는 성공하기 위한 단계이기 때문이다. 그러므로 자기의 길이 일단 정해지면 전심전력해야 한다.

　첫 번째, 스승을 모시고 교과서를 훔쳐라.

　훔치기 위해서는 관찰력, 분석력, 행동력이 필요하다. 배운다는 것과 흉내를 낸다는 것은 일맥상통하는 면이 있는 법이다. 일정한 틀이 잡혀 버리면 마음껏 날갯짓해 보라.

두 번째, 자기가 지닌 장점을 힘껏 밀어 붙여 보라.

우선 곤란에서부터 역전까지의 과정을 걸어 본다. 이 단계에서 인내를 체득한다. 왜냐하면 벽에 부딪쳐 번민을 하기 때문이다. 벽에 부딪쳤을 때 옥쇄(玉碎)할 것인가, 도피할 것인가, 현재의 상태에서 탈피하여 새로운 세계로 들어갈 것인가를 심사숙고해야 한다. 컵 속의 물은 점프를 하지 않으면 보이지 않는다. 바로 이 점이 개안(開眼)인 것이다.

개안은 일 이외의 것에서 배우는 수가 많다. 평소 친분이 두터운 화가로부터 이러한 말을 들었다. 눈이 함빡 내린 하얀색 하나만의 그림이라고 할지라도 애당초 서른 번 이상이나 색을 겹치고 겹쳐 칠한 바로 그 위에 흰빛을 칠해 가는 것이므로 대지(大地)의 끝까지 뻗쳐가는 박력이 있다는 것이다. 전문가가 아닌 사람으로서는 도저히 엿볼 수 없는 그 색을 겹치고 겹친다는 이야기를 듣고 내가 부딪쳤던 어려운 문제를 푸는 열쇠를 잡을 수가 있었다.

■ 최고의 기쁨은 일을 통해서

일이란 영원히 미완성인 것이다. 모순투성이요 문제투성이 바로 일상의 모습이다. 이러한 것을 해결해 가는 것이 인생이다. 일의 결과가 만점이라고 마음을 놓을 수는 절대로 없다.

영원히 미완성인 것이다.

　길이 다하는 법은 없다. 걸어가면 갈수록 길이란 것은 끝없이 멀고도 멀다. 이러한 길이 멀면 멀수록 도전해 볼 가치와 보람이 있을 것이다.

　2~3년 만에 일을 완전히 극복할 수 있다면 평생의 일이라 할 수 없을 것이다. 스승으로부터 배운 정석(定石)을 버리고 자기 자신의 것을 계발하여 노력에 노력을 거듭하다보면 일을 즐길 수 있는 심경(心境)이 되는 법이다.

　그런데 매일매일 일과에 쫓기면서 긴장의 연속 상태로서는 오래 견뎌낼 수 없고 일의 능률도 오르지 않을 뿐더러 체력적으로 무리만 될 뿐이다. 필자도 오로지 한 길에만 몰입하다 건강에 유의하지 않아 닥터스톱(의사의 중지명령)이 걸린 적이 있다. 스스로 육체의 한계를 넘어서 지나친 짐을 계속 져왔던 것이다.

 푹 쉰다는 것, 여유를 갖는다는 것을 머릿속에 생각하게 된 것은 30대의 후반이 될 무렵이었다. 그리고 긴장과 이완(弛緩), 동(動)과 정(靜), 이 밸런스가 필요하다는 것을 뼈저리게 느꼈다. 계속 활동만 해대는 극렬형은 결국엔 쓰러질 뿐이다.

 사람은 누구나 한순간 자기 자신을 잃어버릴 때가 있다. 예컨대 일을 쫓는 것이 아니라 일에 쫓기게 되는 상태라면 다시 한 번 생각해 보아야 한다.

 자기의 행동을 제삼자의 입장에서 냉정하게 잘 살피고 자질구레한 일에 구애받지 말고 커다란 대들보를 주시하며 방향을 결정지을 수 있는 시간을 스스로 만드는 것이 중요하다고 생각한다.

 생각한다 → 행동한다 → 생각한다 → 행동한다. 이러한 사이클을 깊이 이해하고 실행해 나갈 때에 일의 실속이 잡혀져 간다. 자기의 일을 넓은 시야에서 관찰하기 위해서는 전혀 다른 세계에 들어가 푹 쉬어 보는 것도 도움이 된다. 그림을 그려 보는 것도 좋고, 서도(書道)에 빠져 보는 것도 좋다.

 일이 재미없어지는 것은 자기 자신이 지향할 만한 자신의 천성(天性)을 모르기 때문이며 환경과 천성이 서로 적응되지 않기 때문이다. 그래서 번민하는 것이다. 또한 정신적인 고통이 시작된다. 그러나 이 시점에서 도망쳐서는 안 된다. 이럴 때에는 선배의 충고를 듣는 것도 좋을 듯하다. 그리고 인생관과 직업관을 확립해야 한다. 변하지 않는 목표가 인생관이라면 변하는 목표가 직업관인 것이다.

일에 대한 자세가 확고히 설정되면 서둘러서 할 필요가 없다. 벽에 부딪칠 때마다 새로운 것을 배워라. 도망치지 말라. 몇 번이든 벽에 부딪칠 때마다, 분석력, 창조력, 행동력, 결단력을 자기의 내면에서 끌어내어 보라. 벽에 부딪쳐 벽을 부술 때마다 마디가 생겨나고 풍격이 몸에 배어 가는 법이다. 곤란이나 애로에 부딪칠 때마다 자기 자신은 한 단계 성장하게 될 것이다. 곤란이 따를수록 용기는 백배가 된다. 어떠한 능력을 끄집어내서 이 곤란을 극복할까를 생각할 단계가 되면 일은 바로 도락(道樂)이 되는 것이다.

■ 넓은 마음에 독특함이라는 씨앗을 뿌리자

일을 찾아서 일을 만들고 그 일을 즐겨야 한다. 일은 정직하다. 정당하게 보답해 준다. 그것을 극복하는 과정은 괴롭겠지만 극복한 뒤에 넘쳐흐르는 충족감은 말로 다할 수가 없는 법이다. 일을 사랑하고 일을 키워가고 일 속에서 사는 사람은 행복하다.

현대사회는 즐거움, 일하는 보람을 추구하는 시대라고들 말한다.

이웃집에도 TV가 있고 우리 집에도 TV가 있다. 웬만한 물품은 가질 수가 있어 물건이 넘쳐흘러 선택하기에 망설여지는 것이 바로 현대사회인 것이다. 이런 상태가 되면 남과 똑같은 물건을 가져 봤자, 자랑할 것이 없다. 무엇인가 남들과 다른 물건을 갖고 싶어진다. 그래서 차별화, 개성화가 강해지는 법이다.

　복장이라든가, 주택이라든가, 이러한 사물의 개성화를 추구하는 것도 나쁠 것은 없지만 보다 더 중요한 것은 마음의 개성화가 아닐까 한다.

　물건이 풍부해지면 질수록 사람들은 그 물건에서 도망치려고 한다. 외부 중심에서 내부 중심으로 추구해 가는 시대가 다가오고 있다. 사람들마다 얼굴이 제 각각 다르듯, 생각하는 것도 제 각각 다른 것은 당연한 일이다. 자기 자신을 응시하며 마음의 개성화, 그리고 어떠한 일을 하면서 살아갈 것인가 등을 생각해야 할 시대가 온 것이다.

　이미 먹기 위해 일을 하던 시대는 옛 이야기가 되었다(선진 공업국의 경우이며 중진국도 머지않아 이러한 상태가 올 것은 의심할 수 없는 현상이다). 앞으로는 단 한 번밖에는 시험해 볼 수 없는 인생길에 자기의 천성을 남김없이 발휘할 수 있는 일을 찾아 헤매게 될 것이다. 일이 곧 천직이라고 할 수 있는 일을 스스로 발견하여 일과 함께 살아가는 사람은 마음이 기름진 사람이다. 자기 의사로 결정하여 자기가 생각하는 일을 해내는 사람은 성공자이며 일하는 보람, 사는 보람을 자기 것으로 만든 사람이라고 할 수 있을 것이다.

 MEMO

| 제 2 장 |

일을 대하는 나의 자세

2 일을 대하는 나의 자세

대개 희망은 있으면서 실제로는 사업이나 일에 손을 내밀지 못하고 있는 사람이 있다. 왜 실패를 두려워하는가 하면 그 일을 달성하기까지의 고난이나 난관을 미리 생각하기 때문이다.

나는 이런 실패병, 난관병에 걸린 사람에게 말하고 싶다.

"당신은 왜 가능한 적극적인 면은 조금도 생각지 않고 어려운 점만 생각하는 거요."

〈노만필〉

■ 바른 자세가 일의 효율을 높인다

다음과 같은 구절이 있었다.

"고양이가 오줌을 누려고 마당에 구멍을 파고 있다. 일단 파 놓고 웅크려 보지만 아무래도 어색한지 다시 다른 장소로 가서 구멍을 파고 웅크려 앉는다. 그러나 역시 어색하기는 마찬가지인 모양이다. 그래서 또 다른 장소를 찾아가 판다. 고양이는 어리석으므로 구멍의 위치나 구멍을 파는 법이 잘못된 것이 아니다. 자기 자신의 자세가 나쁘다는 것을 깨닫지 못하는 모양이다."

인간에게도 이와 비슷한 일이 있다. 아무래도 마음이 차분히 안정되지 않는다. 하려고 하는 일이 왜 그런지 잘 되어 지지 않는다. 무엇인가 엉뚱한 곳에 뛰어든 느낌이 든다. 그러나 잘 생각해 본다면 대개의 경우 이러할 때에는 환경이나 주위의 상태가 나쁜 것이 아니라 본인 자신의 자세가 나쁜 것이다. 잘못된 것은 본인의 자세다.

자세라는 것은 무엇인가에 대한 마음의 상태가 밖으로 나타난 것이다.

'차렷!'의 자세를 취할 수 없는 자는 무엇을 시켜도 할 수 없는 자라고 했는데 '차렷'의 자세는 심신을 긴장시켜서 앞으로 어떠한 명령이 떨어져도 곧 동작으로 옮길 수 있는 마음의 준비 상태를 나타낸 자세다. 즉 어떠한 일에 대해서도 즉각 반응을 보이려고 대기 태세를 취한 태도인 것이다.

일을 하는 데에도 자세가 있다. 놀 때의 자세도 있다. 이러한 태도가 되어 있지 않으면 일이 잘 되어 갈 리가 없고 또 비록 논다고 하더라도 재미있을 까닭도 없고 즐겁지도 않을 것이다.

인간은 틀에 박혀 버리는 것을 좋아하지 않는다. 제 각각 개방적이기를 바라고 있다. 그럼에도 불구하고 은행원이라면 은행원 같은, 신문기자라면 신문기자 같은, 기술자라면 기술자 같은 분위기가 드러나게 되는 것은 웬일일까?

인간에게는 일은 일, 생활은 생활, 이런 식으로 서로 뚝 떼어내서 생각할 수 없는 면이 있다. 어떠한 일에 달려들 때, 그 일을 해내는 데에 가장 손쉬운 자세가 있는 법이다. 그것이 저절로 몸에 배게 되어 사고방식이나 행동 양식까지 그것에 어울리게 되어 버린다.

OO유형이나 XX기질은 절대로 본인 자신이 바라는 바가 아닌데도, 어떠한 일에 파묻힐 때 자연스럽게 생겨나게 된다. 이것은 중요한 점이다. 골프를 할 때에도 자세가 좋지 않으면 공이 정확한 지점으로 날아가지 않는다. 자세가 제대로 취해지지 않은 채 급한 동작을 취하면 사고가 가장 많이 나게 된다. 밤을 꼬박 새워서 도박을 한 뒤, 시뻘겋게 충혈된 눈을 하고 출근하면 무엇보다도 우선 몸이 일할 준비가 되어 있지 않다. 세상만사, 우선 자세가 가장 중요하다.

■ **생산성은 태도다**

일은 지식이 아니다. '저렇게 하고 이렇게 하면 이렇게 된다'라는 것을 뻔히 알면서도 그것을 실행하지 않으면 결과는 나타나지 않는다. 즉 생산성은 제로(0)이다.

반대로 일에 대한 지식은 조금 뒤떨어져 있다 하더라도 실행에 옮기면 반드시 어떠한 결과는 나타나게 마련이다. 그러니까 우선 실행해 보아야 한다.

아무것도 모를 때에는 누군가가 가르쳐 준다. 그리고 한 번 실패하면 그 경험을 살려 다음에는 성공으로 이끌어 갈 수 있다. 그러니까 일을 할 때에는 지식보다도 실행으로 옮겨야 한다. 최후까지 해내고야 말겠다는 '할 마음'이 바로 중요한 것이다.

집에서는 내성적이고 말이 없는 남편이 일단 사회에 나가면 손님들을 잘 구슬려 넘기는 뛰어난 세일즈맨일 수도 있다. 이러한 것은 모두 자기 자신의 역할을 의식한 태도에서 오는 차이다.

사람들은 '아주 성격이 확 달라진 것 같은데' 하고 비평하리라.

역할을 자각하여 그에 알맞은 태도를 취하는 것을 습관으로 만들어 버리면 성격도 개조할 수가 있다. 의식적 행동이 습성이 되어 성격으로 굳어져 가는 것이다.

일에 대해 '할 마음'을 일으키려면 '왜 내가 이 일을 하지 않으면 안 되는가'라고 그 일을 해야 하는 의의(意義)를 명확히 자각해야만 한다. '해도 그만 안 해도 그만'이라고 생각한다면 일에 대한 의욕도 정열도 솟아날 까닭이 없다.

의욕이 없는 곳에는 능률도 생산성도 없다.

"생산성은 태도다"라는 말은 집단적인 활동을 생각할 경우 다른 하나의 의미가 내포되어 있다. 그것은 인간을 협력적으로 활동하게 하는 것도 바로 태도라는 점이다.

부하는 상사의 리더십 여하에 따라서 잘될 수도 있고 안 될 수도 된다. 그 사람이 일단 손을 대면 왜 그런지 일이 순적하게 되어 간다라는 말을 듣는 사람도 있다.

그 사람이 있으면 모두가 협력해 준다-라는 말을 듣는 사람도 있다. 그리고 앞에서 예를 든 사람의 경우, 다른 사람이 협력하게 되는 것은 그 사람의 지식이나 재각(才覺)이나 모습에 원인이 있는 것이 아니라 그 사람의 태도에 달려 있다.

'인간의 매력' 가운데 가장 중요한 요소는 바로 이 태도에 있다라고 할 수 있다.

■ 목표는 산마루지만 올라가는 길에는 여러 갈래가 있다

　클라크 박사의 "Boys, Be ambitious"란 말을 꺼낼 것까지도 없이 옛날부터 수많은 사람들이 반드시 청년들에게 외치는 것은 이와 비슷한 말이다. '꿈을 크게, 이상을 넓게'라는 것은 인생에 있어서 영원한 진리다. 현대의 청년들 중에서는 아직 경험조차 하지 않았는데도 이미 인생을 다 알아버린 것 같은 언동을 취하는 자가 많다.

　'사회의 체제(體制)는 어쩔 수가 없다', '어차피 세상이란 이런 것이다', '이렇게 조직화된 세상에서는 성공도 출세도 할 수가 없다' 등. 그리고 '성공이나, 출세는 아예 단념해 버리고 소시민적으로 사는 것이 속 편하고 무난하다'라고 세상이치를 다 깨달은 듯한 말을 하는 사람들이 많은 모양이다.

이러한 것들은 안이(安易)한 인생을 탐(貪)하기 위한 구실에 지나지 않는다. 일종의 자기 기만이다. 그 증거로는 그들이 출세나 성공을 부정하는 현실의 세상에서 하루하루 착실하게 성공의 길을 걸어가고 있는 사람이 많다는 것과 위대한 성공자가 당장 오늘도 생겨나고 있다는 점을 들 수가 있다(여기서 말해 두겠는데 내가 말하는 성공이라는 것은 부자가 된다든가 높은 지위를 얻는다든가 하는 물질적인 성공만을 일컫는 것은 아니다).

성공이란 자기가 설계한 목표를 달성하는 것을 말한다.

목표에는 '변하는 목표'와 '변하지 않는 목표'가 있다.

올해에는 영어 회화를 마스터하자든가, 회계(會計)의 이론과 실무를 마스터하자든가 하는 것은 변하는 목표다.

변하지 않는 목표란 나의 인생을 어떻게 살 것인가, 어떠한 인간이 될 것인가 하는 종류의 것을 말한다. 목표로 하는 것은 산마루지만 산으로 오르는 길은 여러 갈래가 있는 것과 같은 이치이다.

인간은 20년이나 30년 앞일을 예측할 수 없으므로 가능한 한도에서 10년 안에 커다란 목표를 세워 놓고 그것을 향하여 전진하면 된다. 20대 때에는 30대의 때가 되기까지의 자기가 나갈 방향을 확립하자는 각오를 하고서 여러 가지 일에 도전하면 된다.

이렇게 하여 커다란 목표가 결정되면 작은 일에도 구애당하지 않게 된다. 다른 사람이 자기보다 한발 앞서 승진이 되었다든가, 누구는 나를 어떻게 생각한다든가-라는 자질구레한 일에 구애당하지 않게 된다. 그리고 서두르지 않게 된다. 또 커다란 목표를 향하여 '지금 현 시점에서 어떠한 일을 해야 할 것인가'라는 것을 긍정적으로 생각하게 된다. 이것이 Big Think, Big Act 이다.

■ 강하게 표출된 꿈은 곧 현실이 된다

호언장담이란 말에는 어딘가 유머스런 점이 있다. 큰 소리도 자기 자랑이 되면 듣는 사람에게 역겨운 느낌을 주지만 공상담이나 호쾌한 이야기는 왜 그런지 즐거워지는 법이다.

있지도 않는 보자기를 펼쳐서 남을 속이는 것은 찬성할 수 없지만 나는 이러이러하게 하고 싶다라는 정도의 말이라면 능력이 닿는 만큼 커다란 보자기를 펼치는 것이 좋다-대장부는 당연히 기개가 장대해야만 하는 법이다.

남자가 인생을 걸고 마음속으로 결심한 사업은 원대하고 광장(廣壯)한 편이 것이 좋다. 현실적인 일을 침소봉대(針小棒大)격으로 큰 소리 치는 것은 좋지 않지만 희망에 대해서는 막대기만큼 품어 보았자, 바늘 정도밖에는 실현할 수 없는 것이라고 체념하는 것은 좋지 않다.

이상(理想)을 세상에 공언(公言)하는 데에는 세 가지 효용(效用)이 있다.

첫째, 공언하는 이상 뚜렷한 목표를 내걸지 않으면 안 된다.

즉, 목표가 자기 자신에게도 명확히 이미지 업 되는 셈이다. 목표의식을 강렬하게 마음에 아로새기면 그 곳에서 무슨 일이 있더라도 그 목표를 달성하려는 의욕이 솟아나게 된다.

둘째, 만약 목표를 달성하지 못하면 창피를 당한다. '뭐야, 그 자식 보잘것없는 자식이로군' 하고 비웃는다. 누구든지 비웃음 받고 자존심 상하는 것은 싫은 법이다. 자존심이란 자기 자신을 소중하게 생각하는 마음이다. 즉 창피를 당하지 않게 하기 위하여 자신을 소중히 아끼는 마음도 솟아나오게 된다. 자존심과 자신(自信)은 표리(表裏)와 같은 관계에 있다. 자존심은 소중히 아끼며 스스로를 격려하고 노력함으로써 자신도 솟아나게 된다.

셋째, 이러한 과정을 통해서 의지가 굳어진다. 일단 입 밖에 내서 말을 한 이상은 해내려고 노력한다. 즉 의지력, 실행력이 생기게 된다. 그러니까 의지가 약한 사람은 가능한 한 목표를 공언하는 편이 좋다. 예를 들어 담배를 끊으려고 생각해도 좀처럼 끊을 수 없는 사람은 친구나 가족에게 공언해 보라. 그러면 사흘 만에 금연을 중단해 버리고 다시 피운다는 것은 창피한 일이므로 어떻게 하든지 금연을 계속하려고 노력하게 된다. 주위 사람들도 그러한 노력에 경의를 표하여 측면에서 원조하려고 할 것이다. 공언하는 데에는 이러한 부산물적인 효과도 있다. 최근 목표관리(目標管理)의 일환으로써 자기신고제(自己申告制) 등이 채택되고 있는데, 이것도 바로 이러한 '공언(公言)'의 한 효용을 발휘시키는 수단이라고 해도 과언이 아니다.

■ 보람 있는 일이 최고의 직업

어떤 대학 졸업생이 사회사업 단체의 채용시험을 보았을 때 면접을 받는 자리에서

"당신은 왜 사회사업을 지원했소?"라는 질문을 받았다.

"나는 사회의 사석(捨石)이 되어서 일하고 싶기 때문에 지원했습니다."라고 대답했다.

그러자 시험관 중의 한 사람이 거듭해서,

"사석이라는 것은 사람들에게 짓밟히고 경멸을 받는 불쌍한 돌이라는 의미요? 아니면, 모든 사람을 위로 떠올려 받쳐 주는 돌이라는 의미요?"라고 물었다.

그는 한참 동안 생각한 뒤,

"물론 뒤에 말씀하신 의미, 즉 초석(礎石)이라는 의미입니다."라고 대답했다 한다.

요즈음 미국에서는 대학 졸업자인 대기업 지원자가 퍽 줄어들었다고 한다.

거대한 조직의 톱니바퀴 속에서 몰개성적(沒個性的)인 생활방식을 강요당하는 것이 싫다는 생각도 있기 때문이다.

그리고 현시대와 같은 공해(公害) 소동에서 사회를 보다 정화하려는 공공 사업 분야에서 일하고 싶다는 생각을 가진 사람도 있을 것이다. 그리고 경제대국에 들어선 나라의 국민들은 먹기 위하여 일하는 시대는 이미 지났다고 할 것이다. 개발도상 중에 있는 국가들도 머지않아 이러한 현상이 일어날 것

이다.

　요즈음 '마이 홈 주의'에 대한 논의가 일어나고 있다. 누구든지 가정을 소홀히 생각하는 사람은 없다. 뿐만 아니라 건전한 가정이 있어야 일도 있고 회사도 있다는 것은 뻔한 사실이다. 소위 '마이 홈 주의'라는 것은 그런 것이 아니다. 예를 들면 오늘은 잔업을 하지 않으면 안 될 형편일 때에도 부인과 약속이 있다고 하여 미련 없이 돌아가 버린다.

　공적인 생활을 위하여 사적인 생활을 희생시키고 싶지 않다는 주의다. 사생활 제일주의로 나가고 싶다는 셈이다. 그래도 좋다. 그런데 그 사생활의 레저를 위해 돈이 든다고 할 때에도 잔업을 하여 돈을 번다. 마이 홈을 세울 때에는 회사로부터 돈을 빌린 뒤 빌린 몫만큼 부지런히 일한다는 형태가 이루어지고 있다.

　이렇게 되면 하루 24시간, 잠자는 시간을 빼면 회사에서 일하는 시간이 사생활에 소비하는 시간보다 훨씬 많아지는 것이 아닌가. 그보다 많은 시간이 사생활을 하기 위한 시간 즉 회사에 자기 몸을 판 시간이라고 한다면 허수아비 인생을 살고 있는 것이 되고 마는 것이 아닐까.

　직업, 즉 일을 초석으로 보는가, 소득을 얻기 위한 방편으로 보는가, 아니면 출세의 도구로 보는가는 사람이 제 각각 생각하는 바에 달려 있을 것이다.

　세상을 등지고 숨어 사는 사람처럼 체념적인 직업관을 갖는다는 것은 무릇 젊은이다운 사고방식은 아니다.

　작업, 직업은 자기의 능력을 뻗어나게 만들고 자기 자신을 성장시킴과 동시에 남에게도 번영과 공헌을 하는 것이라고 볼 때에 비로소 일에서 삶의 보람을 발견할 수 있는 것은 아닐까. 일은 자기 및 남의 성장의 추진력이며 인류복지의 초석인 것이다–라는 작업관이야말로 출발의 원점이다.

■ 뜨거운 사명감이 실력을 만든다

일을 할 경우, 중요한 것은 사명감이지 환경이 아니다. 물론 회사는 일을 하고 싶어 하는 사람이 일을 자기 뜻대로 할 수 있도록 환경을 만들어 주지 않으면 안 된다. 그러나 환경 풍토가 아무리 정비되었더라도 일하는 본인에게 일할 마음이 없다면 그 환경은 제 기능을 발휘하지 못한다.

야구 구경을 하노라면 유격수가 잡느냐 삼루수가 잡느냐, 서로 왜 그런지 상대방에게 미루는 듯한 태도로 인하여 평범하게 날아오는 볼을 놓치는 수가 있다.

자신이 없기 때문에 그렇게 되는 것인데 자신이 없는 것은 사명감이 없기 때문이다. 이것은 규칙이나 약속 따위의 문제가 아니다. 규칙을 만들고 책임 분담을 명확히 해 놓더라도 하지 않을 사람은 하지 않는다. 일을 하는 사람에게는 규칙이나 관례 따위는 없는 편이 좋다. 규칙이나 관례는 대개는 하지 않는 사람을 묶기 위한 도구에 지나지 않는다.

사명감이 솟아나면 일에 대한 욕망이 솟아난다. 향상심(向上心)이 또한 왕성해진다. 따라서 배려(配慮)심도 충실해지고 주의력도 철저해진다. 그러니까 한층 더 향상된다.

그래서 다시 더욱 할 마음이 생겨난다-라는 식으로 위로 향하여 톱니바퀴가 돌게 된다. 그렇다고는 하나 일에서 사명감을 느끼도록 만드는 데에는 상당한 시간이 걸린다.

남자가 평생 동안 모든 것을 다 내던져 버리고 한 가지 일에 전념할 기회를 갖는다는 것은 중요한 일이다. 그 정신 없는 과정을 통해서 사업관·사명관이 굳어져 간다.

■ 초심을 잊지 말자

"초심(初心)을 잊지 마라"라는 말이 있다.
첫 수업을 할 때에 스승은 반드시 이러한 교훈을 하다.
인간은 누구라도 출발점에서는 남 이상으로 고생하는 것을 꺼리지 않는다.

육체적으로 젊다는 장점도 있어서 모든 일에 성심성의껏 덤벼들 수 있는 것이다. 그런데 시간이 흐르다 보면 이윽고 그전의 겸허함과 오직 한길만을 바라보고 파고들던 정열을 잃어버리고 매너리즘에 빠져 버리기 쉽다.

어떤 일에서 위기는 3일, 3개월, 3년이라고 한다.
3일이 지나면, '이 일은 이런 것이었군 그래, 이거 내가 바라던 것과는 다른데'라는 생각이 들어 싫증이 난다.

석 달이 지나면 대략 일의 흐름도 알게 되고 또한 일하면서 만나는 사람들의 낯도 익히게 되어, 주어진 일을 겨우겨우 따

라갈 수가 있게 된다.

　이런 시기에 일이 그만두고 싶어지는 이유는
'같이 일하는 사람이 마음에 들지 않으므로…'
'일이 나의 적성에 맞지 않으므로…'
'일하는 곳의 분위기가 마음에 들지 않으므로…'
등이다.

그런데 석 달 정도는 아직 비판하거나 평가할 단계는 아니다.

　3년이 지나면 대략 사람도 일도 몸에 익혀 거의 한 사람 몫이 되었다고 말해도 괜찮을 것이다.

　"돌 위에서도 3년"이라는 속담이 있다.

　만약 3년을 해 보아도 그 일이 도저히 자기 적성에 맞지 않는다고 생각될 때에는 미련 없이 직업을 바꾸는 것이 좋다.

　7년이 지나면, 회사에서는 이제 당당한 중견 사원이다. 이 무렵부터 일이 익숙해진다.

3년, 7년은 대략적인 일의 졸업 단계다. 실은 매너리즘에 빠지기 쉬운 것도 이 시기이다.

일도 완전히 익혔다. 주어진 일뿐이라면 60%의 능력으로 충분히 해낼 수 있다. 이러한 시기가 가장 위험한 것이다. 초심 때의 겸허함, 신선한 정열, 오로지 한 곳으로만 파고드는 의욕을 잃기가 쉽다. 교만스러운 마음도 생겨나게 된다. 남이 충고하는 말에도, '그따위 것은 벌써부터 알고 있어'라고 귀를 빌리려 하지 않는다. 자기 자신이 그만큼 강해졌다고 하여 독단적인 판단으로 흐르기가 쉽다.

'상인은 개점했을 때의 순진하고, 겸허하고, 인내력이 강한 태도를 잊지 마라.'

특히 남의 은혜를 잊어서는 안 된다.

개점할 때에 찾아와 주신 손님의 은공을 평생 잊지 않는 마음이 상업의 길이며, 상인의 혼인 것이다.

'정신에 혁명을 일으켜라'에서 주고 또 주는 것의 득을 말했었는데, "give and take" 주고 난 뒤 받는 정신은 이 세상의 모든 톱니바퀴를 원활하게 돌리는 가장 기본적인 원칙이다.

■ 최고의 가치는 고객으로부터

회사에서 신입사원을 교육할 때
"누가 월급을 주느냐?"라는 질문을 한다면, 월급을 주는 것은 사장도, 이사회도 아니고 '손님'이라는 것을 철저히 교육한다고 한다. 손님들이 사원들을 어떻게 받아들이는가에 세심한 주의를 기울인다고 한다. 항상 손님을 의식하고 있는 것이다. 또한 서비스 정신을 잊어서는 안될 것이다.

훌륭한 상인은 옛날부터 손님을 소중히 여겼다. 가게의 제도·관습을 모두 손님 본위로 생각했다.

- 열 냥짜리 손님보다 백 푼짜리 손님을 소중히 아껴라.
- 구매한 사람이 마음에 들지 않아 물건을 반품하러 오면 팔 때 보다 더 정중히 하여라.
- 번창할수록 점점 더 검약하여라.
- 자기와 업종이 같은 가게를 이웃이 개업하면 태도를 정중히 하고 서로서로 격려하라.

이러한 말들은 오늘날에도 훌륭하게 통용되는 교훈이다.

그런데 조직의 기구는 잠시나마 소홀할 경우 손님의 존재를 잊어버리기 쉽게 만든다.

그러나 조직이나 규모가 아무리 커지더라도 고객 때문에 유지되어 나아간다는 것에는 변함이 없는 법이다.

'회사를 걷어치우고 독립하고 싶지만 자본금이 없기 때문에…'라는 말을 곧잘 듣게 되는데 이것은 본말(本末)이 전도된 생각이다.

개점을 하거나 사업을 시작할 때에 꼭 필요한 조건은 이 두 가지이다.

① 그 장사(일)에 필요한 지식과 기술
② 고객

독립하는 사람은 대개 그 길에 있어서는 상당히 구체적으로 정통할 것이다. 그렇지 않으면 사업은 실패한다.

다음에 반드시 어느 정도 손님에 대한 예측이 수립되어 있을 것이다. 철공소 사업을 할 경우에는 주문해 줄 회사가 몇 군데나 있을까 예측하고 있을 것이다. 어느 장소에다 가게를 내면 어떠한 부류의 손님이 찾아와 주리라는 예측이 서지 않은 채 장사를 시작하는 사람은 거의 없다. 이 두 가지 조건만 갖추고 있다면 자금에 대한 협력자는 반드시 나타난다.

시장창조시대 · 고객지향시대를 비롯, 현대는 고도선택사회라고 곧잘 일컬어지는데 어려운 이론 따위는 빼버리기로 하고 이러한 손님 본위의 마음가짐을 잃어버리면 어떠한 사업도 성공할 수 없다는 것을 인식하라.

■ 냉철한 사고의 힘을 이끌어 내자

흔히 '일한다' 라든가 '근로(勤勞)한다' 라고 말할 때 흔히 사람들은 육체적인 노동만을 생각하기가 쉽다.

그러나 미래시대는 몸이 아닌 두뇌를 사용하는 시대다.

요컨대 현대사회에서는 두뇌 근로자, 정신 근로자라는 말까지 생겨났다. 그럼에도 불구하고 '일한다' 라는 것을 육신을 움직이는 것이라고 오해하는 사람이 많다.

"너무 바쁘기 때문에 생각할 틈이 없다" 등의 말을 태연스럽게 내뱉는 비즈니스맨이 있다. 젊은 사람이 무엇인가 좋은 아이디어를 짜내면

"나중에 천천히 생각해 보기로 하지"라는 구실로 젊은이의 도전을 피하는 사람치고 나중에 생각한 예가 없다.

육신만 분주하게 움직이면 눈앞에 있는 것만 보는 '근시안적인 인간'이 된다. 이 사람은 장기적으로 그리고 넓은 시야를 가지고 사물에 대해 보는 인간이 될 수는 없다. 또 육신만이 분주히 돌아치는 인간은 절대로 남을 부릴 수 있는 인간이 될 수 없다. 목표의 설정, 수단과 방법을 검토할 수 없는 인간이 하는 말 따위는 그 누구도 듣고 싶어 하지 않는다.

'생각한다'라는 활동에 가장 필요한 것은 냉정함이다. 심장이 두근거리고 숨이 헐레벌떡 찬 상태에서는 냉정하게 생각할 여유 따위는 상상도 못할 것이다. 냉정히 생각한다는 것은 다른 항목에서도 말하겠지만 분석적 사고, 통합적 및 전체적 사고, 창조적 사고를 가리킨다.

현대사회가 요구하고 있는 것은 이 '생각하는 힘'이다. 이것은 샐러리맨에게도, 상인에게도 그 이외의 어떤 직업의 사람에게도 해당되는 자질이며 조건이다.

사람들은 육신을 분주하게 움직이고 있으면 그야말로 '일을 했다'라는 착각에 빠지기 쉽다. 더욱 좋지 않은 상태는 '분주함 속으로의 도피(逃避)'이다. 인간은 싫고 곤란한 사태가 일어나면 심리적으로 그 압박에서 헤어나려고 한다. 일이 어려

워지는 상태에 이르면 위가 나빠지거나 노이로제에 걸리는 것은 '현실에서의 도피'인 것이다.

이와 반대로 분망함 속에 몰입하여 골치 아픈 문제를 잊으려 한다. '분주하기 때문에 생각할 틈이 없는 것은 당연하다'라고 자신의 행위를 합리화시켜 버린다.

진지한 일꾼형에게 이러한 경향이 강하다.

이 역시 도피임에는 틀림없다.

육신이 분망해지면 좀더 편하게, 좀더 빨리, 좀더 값싸게, 좀더 안전하게 할 수 있는 비법은 없을까를 깊이 생각해 보아야 한다.

■ 작은 것부터 아끼는 것이 회사를 성장시킨다

기업이라든가 사업이라는 것은 가능한 한 경비를 절약하여 조금이라도 좋은 물건을 값싸게 사회에 제공하는 일을 통하여 사회에 봉사하는 것에 그 존재의 의미가 있는 셈이다.

또 조금이라도 좋은 물건(서비스)을 값싸게 제공하려고 하는 곳에 좋은 의미에서의 경쟁이 생겨나고 그 경쟁을 통하여 개선과 진보가 있게 된다. 바꾸어 말하면 이러한 노력을 하지 않는 것은 기업 혹은 일하는 자의 죄악이다—라는 사고방식이다.

두말할 것 없이 기업은 제품·서비스의 생산을 통하여 이윤을 추구하고, 그 이익을 주주, 사원, 고객, 소비자에게 분배하는 데에 있다.

그리고 생산에 필요한 비용은 모든 제품·서비스의 원가 속에 포함되는 셈이다. 종이 한 장이라 할지라도 헛되이 쓰면 그것은 직간접적으로 영향을 미친다.

1분 만에 끝날 전화를 5분 동안 하면, 시외 통화일 경우 통화료도 비싸지고 시간도 낭비된다. 개인의 낭비는 개인의 손해이지만 회사의 낭비는 간접적으로 일하는 자의 의무-사회봉사-를 잊어버린 행위로서 죄악이라고 해도 과언이 아니다.

우량한 회사가 되면 원가 의식이 철저하다.

"이것의 원가는 얼마입니까?"라고 물으면 이내 정확한 대답이 나온다. 쇠 조각 한 개, 나사못 하나라도 소홀하게 다루지 않는다.

회사는 망할 이유가 있어서 망한다.

망해 버린 회사에 가장 많은 원인 중의 하나는 이러한 공(公)과 사(私)의 구별, 원가 의식이 직원들 사이에 철저히 각인되어 있지 않다는 점이다.

'어차피 회사의 것인데' '회사용 교제비로 돌려 버리면 돼'라는 마음으로 간부가 고급차를 타고 돌아다니며 심지어 교제비까지 쓰고 있는 회사에서는 맨 밑바닥 사원들에게까지 그러한 태도가 침투되어 있으므로 쉽게 자세를 바로 잡을 수 없는 법이다. 그래서 경쟁에 지고 망해 버린다.

원가의식은 물건의 사용과 시간의 사용 양면에서 생각하지 않으면 안 된다.

전화를 거는 편이 좋을까, 편지를 써야만 할까, 일의 성질, 긴급도(緊急度), 회답의 필요 등을 생각하여 결정해야 한다.

한편, 일은 한정된 시간 내에 결과를 내지 않으면 안 된다.

한 장의 편지를 쓰는데 하루가 걸린다면 아무리 명문을 쓴다고 하더라도 소용 없는 것이다.

■ 내면을 채우는 것이 우선이다

뉴질랜드에는 젊은이들이 매우 적다.

한국보다 3분의 2쯤 더 넓은 면적에 불과 4백만의 인구가 살고 있다.

월급은 많고, 사회복지 제도는 완벽하고, 휴가도 많이 주어 한국에 비하면 마치 천국과 같은 곳이다. 뉴질랜드는 잡균(雜菌)이 없는 나라이다. 너무나 많은 혜택을 입고 있어 자극이 없다. "more income less work"라는 말 그대로 생활이 풍부해짐과 함께 일하고자 하는 의욕이 상실되어 있다. 그러니까 젊은이들은 자꾸자꾸 해외로 나가 버려 '노인국'이 되어가고 있다. 이런 점에서 볼 때 한국은 오히려 자극이 너무 지나쳐 거리거리에 범람하고 있다. 특히 젊은이의 마음을 사로잡을 대상이 너무 많다. 그러나 자극을 감각적으로 외면(外面)에서만 추구하면 중요한 내면(內面)을 잃어버릴 수가 있다. 이와 같이 화려한 사회에서는 특히 외면에만 신경을 쓰기 쉽다.

하지만 아무리 포장이 멋지게 되어 있다 하더라도 중요한 내면이 텅 비어 있다면 누구도 사지 않는다. 한 번은 속일 수 있을지 모르지만 사람은 두 번 속지 않는다. 그러면 포장의 화려함이 오히려 화(禍)가 되어 증오, 경멸의 대상이 된다.

현대사회는 연출의 시대이므로 포장도 중요하다. 그러나 그것은 어디까지나 내면에 있는 것을 주목시키는 수단에 지나지 않는다. 다섯 개인 것을 다섯으로, 여섯 개인 것을 여섯으로, 열이라면 당당히 열로 보아 달라는 수단이 외견(外見)이며, 연출이다. 다섯 개를 열로 치는 것은 사기이다. 사기는 오래 계속되지 않는다. 땜질한 칼날은 언젠가는 반드시 떨어지기 마련이다.

좋은 것을 찾는 것은 진보적인 표현이며, 보기 좋게 만드는 것이 문화임에는 틀림없다. 보기 좋은 것은 자기 주장, 자기 발견의 첫 발자국이다. 즉, 이러한 외형에서 내면을 알차게 만드는 데로 눈길을 돌리는 것은 인생 성장의 한 과정이다.

'저 사람은 신사 같은데 한 번 이야기라도 나눠 보았으면'이라고 여성들이 생각한다. 그러나 이야기를 해 보면 속에 든 것이 없기 때문에 환멸을 느낀다. 가면이 벗겨지는 기회가 두 번 세 번 거듭되면

'이래서는 안 되겠다' 하여 다시 생각하게 된다.

이리하여 '내면'의 양상에 눈을 떴을 때 비로소 자기 발견의 제2단계로 들어가게 되는 것이다.

빈 상자를 파는 것은 한두 번쯤은 속여 넘길 수 있다. 그러나 사기와 속임수의 도금질은 반드시 벗겨진다.

그 때 가장 비참한 맛을 보는 것은 속임을 당한 사람이 아니라 속인 본인 자신이다.

■ 도처에서 주인이 되는 길

야구의 베테랑 선수는 방망이로 공을 치는 순간, '아, 이 공은 어디쯤 날아갈 것이다' 하는 예상을 하고 공이 떨어지는 지점으로 곧장 뛰어간다.

그리고 그 지점에서 공이 떨어지기 이전에 받을 자세를 취한다.

일에서도 이러한 마음가짐과 미리 연결하는 능력이 필요하다.

자기의 일상사를 잘 이해하여 항상 앞을 내다보려고 정신을 집중한다면 어느 정도는 알게 되는 법이다. 특별한 추진력이나 직감력이 필요한 것은 아니다.

뛰어난 야구선수라도 처음부터 직감력·추리력을 가지고 있었던 것은 아니다. 언제나 공의 행방을 예상하기 위하여 연습하는 동안 자연히 몸에 배게 된 것이다.

지금 하고 있는 일의 한 발자국 앞을 내다보려고 생각하고 있노라면 차츰 예견력이 생기게 된다.

'다음에는 무슨 일을 해야만 할까?'를 항상 생각하라. 이것이 맨 앞에서 말한 일에 대한 자세이다. 그리고 마음가짐의 문제이다. 그 다음에 필요한 것은 훈련이다. 언제나 이러한 생각을 가지고 있으면 자연히 사고방식의 골자와 요령이 몸에 배게 된다.

다른 하나는 선배나 상관의 일 및 일하는 태도를 깊이 관찰해야 한다는 점이다. 모든 일은 대략 단계적으로 추진된다.

지위나 권한이 증가함에 따라 선배가 하는 일, 상관이 하고 있는 일을 부득이 하지 않으면 안 될 때가 온다. 그 방법을 훔쳐두라.

건실한 회사에서는 평사원이 계장의 일을, 과장은 부장의 일을, 부장은 사장의 일을 하고 있다. 모두가 한 발자국 앞서 전진하고 있다.

사장은 푹 눌러 앉아서 5년 앞, 10년 앞의 일을 생각한다. 이러한 회사의 장래는 안전하다. 현실적인 토대가 단단히 잡혀 있고 5년 앞, 10년 앞의 방책이 세워져 있기 때문이다.

앞을 내다보고 앞을 꿰뚫어 보아 한 발자국 앞서가는 사람은 그 만큼 빨리 성장한다. 자기가 성장하니까 성장하는 만큼 일도 커진다. 보다 큰 일을 지배할 수 있는 능력이 있기 때문에 일에 쫓기지 않는다.

'일의 주인'이 되는 셈이다.

일을 지배하고 일의 주인이 되는 것이 참다운 '개성의 발휘'이다. 한 발자국 앞을 보고 일을 하는 것이 매사에 '도처에서 주인이 되는 길'인 것이다.

■ **현대사회는 연출(演出)의 시대**

세상 전체가 화려한 시대다.

변화의 스피드도 빠르다. 그러니까 무엇이든지 요령 있게 빨리 해치우는 것이 좋다고들 생각하기가 쉽다. 정확하게 빨리 효과적으로 하는 것은 매우 중요하다. 그러나 이것은 일에 대하여 창조적으로 머리를 쓴다는 것과 숙련의 문제이지 '요령'의 문제는 아니다. 그런데 많은 사람들은 이 점을 오해하고 있다.

요령 있게 적당히 해치워도 패스한다. 그러면 그 다음에는 더욱 적당히 해치워 버리게 된다. 이러한 작업 태도는 조금도 자기에게 플러스가 되지 않는다.

수많은 일을 하는 것만으로는 일이 평면적으로만 될 뿐 조금도 진보가 있을 수 없다. 하나하나 연구하여 처리해 가면 일이 살게 되고 입체적(立體的)으로 쌓아올려 가게 된다.

'정신에 혁명을 일으켜라'에서도 말했지만, 매사가 무르익기 위해서는 시간이 걸린다. 봄에 꽃을 피우는 나무는 가을이 되어야 열매가 맺는다. 단 일각(一刻)이라도 빨리 열매를 맺게 하려고 엉터리 짓을 하면 어딘가에서 부작용이 나타나게 된다. 겉보기에는 같다고 하더라도 맛이 다르다. 그리고 내면의 농도(濃度)가 다르다.

인스턴트적인 것은 절대로 자기에게 플러스는 되지 않는다. 일이 자기의 능력을 시험하기 위한 것, 자기의 개성(個性)을 닦아 가기 위한 것이라면 절대로 손을 빼서는 안 된다.

일이란 결코 남에게 보이기 위한 것이 아니다. 남에게 보여 그 때만을 통과하여 출세하기 위해서 일하고 있는 사람은 문득 멈추어 서서 자기 자신을 반성하였을 때 자기가 하고 있는 일에 견딜 수 없는 공허함을 느끼리라. 일을 하는 사람의 허무감, 소외감, 염세감 등은 이러한 자기의 일에 대한 자세에서도 나타나는 법이다. 자기가 하고 있는 일이 참다운 삶의 추구가 아니기 때문이다.

현대사회는 연출(演出)의 시대라고 한다.

사람은 자기가 한 일, 자기의 물건을 보다 좋게 보이고 이해시키기 위하여 연출력을 발휘해야 한다.

예를 들면 보석은 물에 담근 뒤 시커먼 배경 앞에 놓아 디스플레이를 하면 한층 더 반짝여 보인다. 이러한 연출의 연구는 필요하지만 보다 중요한 것은 내면이다. 유리구슬을 팔아서는 안 된다. 최선을 다하여 일을 해도 남들이 평가해 주지 않는 수가 있다. 그러나 몇 년 뒤에는 반드시 무르익는다.

일을 급히 해 넘겼을 때 남들이 칭찬하는 수가 있다. 그러나 그 뿐이다. 일이 정직하다는 것을 정말로 알고 있는 사람은 인생 마라톤의 최종 승자가 된다.

■ 이름과 책임감은 함께 간다

"명함(직함)으로 일을 하지 않고 자기 자신의 이름으로 일할 수 있는 사람이 되어라."

자기의 이름을 소중히 아끼는 사람은 반드시 일을 자기 것으로 만들고 대성할 수 있다.

자기의 이름에 책임을 지도록 해야 비로소 개성적인 일을 할 수 있다고 하여도 좋다.

어느 회사로 전화를 했는데 상대방이 없을 때

"돌아오시면 전화를 걸도록 전해 주십시오."라고 부탁해 두어도 전화를 받은 사람의 이름을 묻지 않으면 감감 무소식이

되는 일이 많다. 그런데 "실례지만 전화받으시는 분의 성함이 어떻게 되십니까?"하고 이름을 물어서 다짐을 해두면 반드시 메시지가 상대방에게 전해진다. 이 한 가지만 보더라도 사람은 자기 이름을 말했을 때에는 책임의식을 갖게 된다는 것을 알 수 있다. 가슴에 명찰을 붙이는 것도 그러한 이유 때문이다.

  자기 이름을 댈 때 자의식(自意識)에 눈뜨게 되고 자기의 책임을 자각하며, 자기의 일을 하게 되기 때문이다.

  명령을 받았기 때문에 하는 것도 아니고 회사를 위해서 일하는 것도 아니며 자기 자신을 위하여 일하게 됨으로써 비로소 한 사람의 일꾼이라고 할 수 있다.

  회사를 그만두고 독립하여 새삼 통감하는 것은 '명함의 위력'이다라는 말은 곧잘 듣는다.

"XX회사의 누구누구입니다."

"OO회사의 누구누구입니다."

라고 말하면 그 사람 개인을 신뢰할 수 있는지 없는지 전혀 추측조차 할 수 없어도 회사의 이름이 박힌 명함은 신뢰하여 면회도 해 주고 이야기도 들어주며 거래에 응한다.

개인을 신뢰할 수 있을 정도가 되기까지에는 상당한 세월과 노력이 필요하다.

더욱이 그러한 사람들이 모인 사업체라면 절대로 패하지 않으며, 영구히 존속할 것임은 틀림없다.

이렇게 되어야만 글자 그대로 '사업은 사람이다'가 되는 것이다.

■ 도량(度量)을 크게 가져라

이제 와서 지나간 세월을 되돌아보니 나도 20대 때에는 앞뒤 가리지 않고 내가 생각한 바를 해내고 있었던 것 같다.

그 당시의 메모를 뒤져 보면

'남의 말은 깊이 새겨들어라.'

'도량(度量)을 크게 가져라.'

등의 말이 눈에 띈 것을 보면 남의 말을 듣지 않는 데 대하여 나 스스로 반성했던 것처럼 여겨진다.

나의 주장을 굽히지 않고 나의 생각을 관철하려고 한 것은 그만큼 일에 진지하게 달려 들었었기 때문이 아닐까 여겨진다.

학교를 졸업하여 일을 시작한 뒤 4~5년이 지난 20대의 후반이 되면, 일도 대략은 처리해 나갈 힘을 지니게 된다. 일이 재미있어지며 할 마음도 생겨나게 된다.

자기가 하는 방법, 생각하는 방법이 옳다고 여겨져 강하게 주장을 펼치기도 한다.

"저 놈은 건방지다."라는 말을 듣게 되는 것도 그 무렵이다.

'건방지다'라는 말을 듣는 것은 선배나 베테랑에게 자기의 주장을 당당하게 말하기 때문이다. 그러나 이해가 안 되고 어딘가 빗나갔다고 여겨질 때에는 파고 덤벼들 정도가 아니면 능력이 뻗어나가지 않는다.

납득이 갈 때까지는 주장한다.

찜찜한 타협은 해서는 안 된다.

젊을 때에는 "저놈은 건방지지만 일에는 열심이다."라는 말을 들을 정도라면 괜찮다.

"저놈은 사람은 좋지만 일은 아무래도······."라는 말을 듣는 사람은 앞길이 뻔하다. 단 젊은이의 건방짐이 용서되고 인정되는 데에는 두 가지의 조건이 있다.

하나는 사심(私心)이 깃들지 않은 공분(公憤)이라고 해야 할 것이다. 정의와 도의에 입각한 정론(正論), 하여간 자기의 이익이나 공명심(功名心)에 입각한 주장이어서는 안 된다는 점이다.

동료나 상사와 충돌하더라도 그 주장이 청년답게 명랑하고 성실한 사고방식에서 나온 것이라면 비록 약간 극단적인 면이 있더라도 '아직 젊으니까'라는 마음으로 용서를 해 주게 된다.

그러나 그의 행동이 묘하게 풍파에 시달린 구석이 있고 개인적 이기심이 엿보인 것이라면 이미 '혈기가 시킨 일'로서 용서해 주지 않게 된다.

강하게 주장하며 충돌해도 좋지만 선배는 선배로서 절도를 가지고 상대방의 주장에도 충분하게 귀를 기울여 줄 도량을 잊어서는 안 된다는 점이다.

다른 항에서도 말하였지만 남의 말에 귀 기울이는 순수한 마음이 없으면 절대로 자기 자신은 발전하지 않는다.

남의 말을 충분히 듣고 그래도 여전히 자기가 올바르다고 느껴질 때에는 그야말로

'1천만 명이 가로막더라도 나는 간다' 라는 의지로 전진하는 것이 좋다.

"저놈은 건방지지만 성실하고 진실미가 있다."라는 말을 듣는 것이 "사람은 좋지만 일을 잘 못한다"라는 말보다 낫다.

■ 모든 관계의 시작은 인사에서부터

세대의 단절이 각계에서 문제로 대두되고 있다. 틀림없이 사물을 보는 법, 느끼는 법에는 차이가 있다.

가치관이 다를 수 있다. 그렇다고 하여 좁혀지지 않는 간격을 그대로 방치해 둘 수는 없다.

그렇다면 길은 단 하나.

커뮤니케이션에 의하여 의사(意思)를 엇바꾸는 이 외에는 도

리가 없다. 다시 말하면 커뮤니케이션이야말로 최고의 동물이 가지고 있는 최상의 관계를 위한 수단인 것이다.

  그 커뮤니케이션에 가장 첫 번째가 인사다. 인간의 마음속에는 사상과 감정의 양면이 있다. 인간의 마음과 마음, 그 톱니바퀴 사이에 벨트를 거는 것이 커뮤니케이션인데 우선 감정면을 자극하는 쪽이 벨트를 걸기가 쉽다.

  인사는 감정의 벨트를 거는 커뮤니케이션의 도구라고 해도 좋다.

  "안녕하십니까?"

  "안녕히 계십시오."

  "오래간만입니다."

"죄송합니다."
"감사합니다."
"실례했습니다."
"예."
"아니오."

만날 때나 헤어질 때 어떠한 일에 대해 분명한 의사를 나타내는 인사를 할 수 없는 사람은 당당한 사회인이라고는 할 수 없다. 이것은 일 이전의 문제인 것이다.

서양에서는 어릴 때부터 "치즈."라고 하여 미소 띠는 표정을 짓는 훈련을 시킨다는 것이다. 그리고 어머니가 "플리즈, 플리즈."하면서 젖을 물리고 젖을 다 먹고 난 뒤에는 "땡큐."라는 말을 들려준다. 상대방에게 무엇인가 실례가 되는 일을 했을 때에는 "익스큐즈 미."라는 말을 가르친다.

그러니까 '플리즈', '땡큐', '익스큐즈 미'의 세 마디 말은 말을 하게 된 유아라면 누구라도 이내 입 밖으로 나오게 된다는 것이다.

누군가에게 어려운 부탁을 받았을 때,

"예, 잘 알았습니다."라고 말하는 사람이 적어졌다. 자기가 잘못했다는 것을 알고 있어도 "죄송합니다. 앞으로는 조심하겠습니다."라는 말은 하지 않는다는 소리를 곧잘 듣는다.

자기의 실수를 인정하는 것이 마음에 걸린다면 앞으로 두 번 다시 실수를 범하지 않도록 주의하면 된다.

대부분의 사람들이 실수한 것을 문책하는 것이 아니다.

'아는가 모르는가.'

'납득했는가, 못했는가.'
 하는 것을 알고 싶은 것이다.
 대답을 분명히 하는 사람은 할 말을 거침없이 한다. 그러면 상대방이 서로 생각하고 있는 것, 상대방의 사고방식을 알게 된다. 사고방식을 알지 못하면 손을 쓸 도리가 없다.
 커뮤니케이션은 '의사소통'이라고 번역되는데 실은 의사 전에 우선 감정을 소통하는 일부터 하지 않으면 안 된다. 그것이 분명하고 명랑한 인사의 효용인 것이다.

■ 흐르는 물은 거꾸로 흐르지 않는다

 조직 속의 커뮤니케이션의 경로(經路)에는 위에서 아래로, 아래서 위로, 옆으로의 세 가지 길이 있는데 회사뿐만 아니라 어떠한 집단에서도 위에서 아래로, 그리고 동료 간의 즉, 옆으로의 커뮤니케이션은 비교적 잘 흘러가지만 가장 흐르기 어려운 것이 아래에서 위로 올라가는 경우이다.
 특히 윗사람에게 반갑지 않은 정보는 흐르기 어렵다.
 "양약은 입에 쓰다"라는 말이 있는데 인간이라면 누구나 양약이라는 것을 알고 있어도 쓴 것은 먹고 싶어 하지 않는다.
 회사의 방침, 오너의 생각이 맨 밑바닥까지 철저하게 전달되어 있지 않다고 하는데 그 어느 회사일지라도 커뮤니케이션에 신경을 써서 정보는 비교적 잘 전달하고 있을 것이다.
 단, 그저 흘러가게만 내버려둘 뿐이어서 평사원들이 정말로 납득했는지, 또는 불만을 품고 있는지 파악을 못하고 있을 뿐이다.

아랫사람에게 불만이 있거나 아랫사람이 납득하고 있지 않다면 정보를 아무리 흘리더라도 철저하게 관리했다고 할 수 없다. 그러나 어떠한 리더도 아랫사람의 의사를 무시하려고 하는 것은 아니다. 오히려 기회가 있다면 듣고 싶다고 생각하고 있다. 단지 듣는 방법이 좋지 못하기 때문에 듣지 못하고 있는 것이다. 그러니까 그러한 사람은 측근을 만든다.

본인은 측근을 통하여 정보를 얻으려고 생각한다. 그리고 또, 측근을 통하여 '정보를 얻고 있다'라고 생각한다.

바로 이런 점에 측근 정치의 나쁜 점이 있다. 측근이 제공하는 정보는 비교적 입에 맞는 양념을 섞어서 가공했을 우려가 다분히 있다. 또 측근의 귀에 흘려 넣는 정보, 그 자체가 가공되어 있는 경우가 많다.

IBM의 와트슨 사장은 언제든지, 그리고 누구든지 사장에게 직접 얘기할 수 있도록 사장실의 문을 항상 개방해 두었다고 한다. 일신상의 일이라면, 직원이 다른 직종으로 옮기고 싶다는 따위의 의논까지 받아 주었다고 한다.

남의 위에 앉은 자에게 필요한 것은, 첫째로, 이처럼 적극적으로 들으려고 하는 자세다. 그것을 오너의 방침으로서 공개하지 않으면 안 된다.

다음에는 듣는 방법이다. 자기나 회사에게 듣고 싶지 않은 마이너스 정보를 가지고 온 사람에 대하여,

"응, 과연!"

"응, 그런가."
하고 열심히 귀를 기울이는 사람이 되어야 한다.
"누가 그런 말을 했어?"
"그것은 잘못된 말이야."
이야기한 사람을 꾸짖는 듯한 태도를 취한다면 두 번 다시 정보를 제공하러 오지 않을 것이다.

남의 윗자리에 앉은 사람이 이야기하는 말은 '긴장하고 들어라' 하지 않아도 곧잘 듣는 법이다. 자기의 입은 되도록 적게 열고 가능한 귓구멍을 크게 하여 남의 말을 듣는 도량과 기술을 지녀야만 한다.

■ 리더는 설득을 통해 자발성을 유도해낼 수 있어야 한다

"사람을 보고서 법을 말하라"라는 말이 있다. 특히 남의 위에 있는 사람은 이러한 마음가짐이 필요하다.

'이해하지 못하는 것'은 자기가 설득시키는 방법이 좋지 않기 때문이다. 똑같은 말을 할 경우라도 조직 속에서는 상대방이 맡은 역할에 따라서 표현을 바꾸어 하지 않으면 안 된다.

조직 중의 역할을 오케스트라의 연주에 비한다면 최고 경영자는 작사가다. 목적과 방침을 결정한다. 그것을 현실화할 수 있도록 관리자가 작곡한다. 어떻게 노래하는가를 결정한다. 그 악보에 따라 감독자는 지휘를 한다. 컨덕터다.

종업원은 컨덕터에 따라서 연주를 하고 합창을 한다. 즉 경영자는 무엇(what)을 할 것인가를 생각하고 발표한다. 관리 및 감독자는 그것을 어떻게(how) 실현할 것인가를 생각하고 발표한다.

이곳에 각각의 레벨에 따라서 각자가 수완을 발휘할 수 있는 기회가 있다. 그와 동시에 표현법의 차이도 나타나게 된다.

예를 들어, 경영자가 월간 경비절감을 지시한다. 그러면 부장은 자기 부서에서 얼마만큼의 돈을 절감할 수 있는가를 구체적으로 생각하여 발표한다.

과장이나 공장의 감독자는 그것을 더욱 구체적으로, 예를 들면 가솔린을 몇 갤런, 연필은 몇 자루, 종이는 몇 장이라는 식으로 물량적으로 발표하지 않으면 안 된다.

표현은, 위는 금전(아니면 월간이라든가 연간이란 전체적인 숫자)으로 표현하지만 아래로 가면 갈수록 물량으로 구체적 상태로 나타내지 않으면 안 된다. 오너의 방침이나 명령을 그냥 그대로 옮겨 전하는 관리자를 앵무새 과장, 콘베어 과장이라고 한다.

자기 자신은 중간적 커뮤니케이션의 역할을 충분히 다하고 있다고 생각하고 있겠지만 당치 않는 말이다.

현장에서 일하는 사람으로 하여금 어찌해야 할 바를 모르게 하는 방침이나 명령의 전달은 의미가 없다.

설득의 이상은 납득이다. 납득은 설득하는 측의 강제가 아니라 본인 자신의 자유의사에 입각한 것이기 때문이다. 그러므로 설득의 방법은 마치 본인이 자기가 스스로 생각해 내는 것처럼 이야기를 이끌고 가는 테크닉이라 할 수 있다.

설득을 잘 하는 사람이라는 말을 듣는 사람은 이러한 심리유도술(心理誘導術)이 참으로 교묘하다.

"과연 그래, 자네는 어떻게 생각하나?"

"응, 그 두 번째 안(案)이 정말 그럴 듯한데."

라는 투로 결과를 암시하여 리드하면서 상대방의 생각을 이끌어내면 본인은 스스로 생각해 낸 일이므로 설득당했다고 느끼지 않는다.

참다운 설득이란 상대방의 자발성을 유도해 내는 데에 있다.

■ 때는 반드시 온다 준비하고 준비하라

타이밍이 좋지 않은 사람이 있다.

손님과 중요한 이야기를 나누는 상사에게로 당장 보고하지 않아도 좋은 이야기를 하러 간다. 그런가 하면 상사가 회의에 출석하기 전에 보고해야 할 것을 보고하지 않고 있다가 상사가 제자리로 돌아온 뒤에 어슬렁어슬렁 보고하러 간다.

결국 "왜 회의 전에 보고하지 않았어? 그 자료가 있었다면 회의의 결론도 달라졌을 텐데."라는 잔소리를 듣고 만다.

일에 있어서 타이밍은 아주 중요하다.

잠깐이면 될 전화 한 번을 걸어두지 않았기 때문에 소중한 거래를 놓쳐버리는 수도 있다.

타이밍은 일의 절차와 밀접한 관계에 있다.

특히 긴급사태가 발생했을 때의 처치는 타이밍을 우선으로 삼아 첫째로 생각해야 한다.

어느 공장에서 화재가 일어났다. 경영자가 달려갔을 때에는 공장의 대부분은 이미 타서 재가 돼버렸다. 관리자들은 그 불타 버린 곳에서 2백 명 가량의 공원들과 뒤처리를 하고 있었다.

그런데 한 쪽 구석에 아직도 타고 있는 부분이 있었는데 그 옆에는 베니어 공장이 있어 불길이 옮겨 붙어 탈 위험이 있었음에도 불구하고 불길을 끄는 데에 뛰어든 사람은 불과 10여 명에 지나지 않았다.

공장장은 깜짝 놀라 공원을 몇 개 반으로 나누어 불이 옮겨 붙을 위험성이 있는 곳에 소화 작업을 집중시켜 무사할 수 있었다고 한다.

긴급 사태가 발생했을 때 중요한 것은 높은 안목에서 가치를 판단하여 일을 행하는 기민함이다. 그렇지 않으면 재해를 더욱 크게 만들게 된다.

인생에는 찬스라는 것이 있다. 찬스를 잡는 것이 타이밍이다. 그러니까 찬스가 왔을 때에는 무엇이든지 보고, 해볼 마음가짐이 없다면 모처럼 찾아온 찬스도 헛것이 돼 버린다.

남과 만날 찬스가 있으면 만나라.

외국으로 나갈 찬스가 있으면 그 때에 가야 한다. 한 번 놓친 찬스는 좀처럼 다시 오지 않는다. 그러나 그렇다고 하여 찬스를 잡으려고 조급히 굴어도 그처럼 효과가 나타나는 것이 아니다. 사물이란 모두 '시기가 무르익는' 때가 있다.

사과가 익어 떨어지려면 그만한 시간이 필요한 법이다. 서둘러 무리하게 익히려면 인스턴트적인 것이 된다. 인스턴트적인 것은 결국 인스턴트적인 것밖의 가치가 없다.

"천(天)의 이(利)· 인(人)의 이(利)· 지(地)의 이(利)"란 말은 준비를 한 뒤 기다리고 있으면 반드시 때가 자기편이 되어 주는 시기가 온다는 것이다.

■ 적절한 쉼을 통해 자극을 주어라

스피치 전문가는 강연할 때 박수의 폭풍 소리를 들으며 연단에 올라가서 박수소리가 거의 그쳐 갈 무렵 나지막한 소리로 "나는 누구누구입니다."하고 자기 소개를 한다.

소곤소곤대거나 쓸데없이 웅성대던 청중이 무슨 말을 하는지 잘 들을 수가 없기 때문에 귀를 곤두세울 무렵, 일순간 '틈'을 두었다가 침묵해 버린다. 그러면 강연장 안은 물을 끼얹은 듯 조용해진다.

그 때를 노려서 커다란 목소리로 갑자기 정열이 서린 말투의 이야기를 꺼낸다고 한다. 그야말로 청중의 심리를 파악한 전문가다운 재주다. '틈'은 동(動)에 대한 정(靜)이다. 그러나 정이 없으면 동은 살아나지 못한다.

탈춤 · 재담(才談), 고전무용 등은 이 '틈'을 대단히 중요시한다.

대체로 한국의 전통 예술은 '틈'을 특히 중요시한다. 예를 들면 방이나 한쪽 벽을 조금 들어가게 만들어 그 뒤쪽에 족자를 걸거나 꽃꽂이 등을 놓는 장소 등이 바로 좋은 예다.

이렇듯 벽 한쪽을 들어가게 만드는 것이 바로 공(空)을 잘 이용한 것이라 할 수 있다. 손님에 따라서, 그때그때의 상황에 의하여 병에 꽂는 꽃, 그리고 뒷벽에 거는 족자 등을 바꾼다.

서양처럼 가구 및 미술품 등 언제나 변함없는 것을 그대로 놓아두는 양식과 이러한 점이 근본적으로 다른 점이다.

임기응변(臨機應變)으로 모습을 바꾸고 모습을 바꾸는 본체가 공백(空白)에 있다는 그러한 자세인 것이다. 정이 동을 만들어내고 공이 충실(充實)함을 만들어 내는 근본이 된다는 사고방식에서 나온 것이다.

세일즈맨이 계약을 맺는 것도 이 '틈'의 타이밍이다. 물건을 팔기 위하여 계속 떠들어댄다면 손님은 의사 표시를 할 수 없다.

손님이 살 마음이 살짝 일어났다 보이는 순간

"어떻습니까, 이것으로 하시면?" 하며 일순의 '틈'을 둔다. 그 타이밍을 잡는 시기가 바로 승부인 것이다.

'틈'은 내용면에서만 볼 때에는 쓸데없는 시간이라고 보일는지도 모른다.

그러나 문장에 사잇점이 필요하듯이 '틈'이 없는 이야기는 아무리 좋은 정보를 흘리더라도 과잉정보라고 여겨져 별 효과가 나타나지 않는다.

'틈'에 의하여 이야기가 지닌 의미의 맛이 더해지는 법이다.

'틈'은 그러므로 절대 필요하고, 효과가 있는 침묵의 시간이다.

한편, 강연에서는 보통 6분간에 한 번 정도로 화제를 바꾸는 편이 좋다. 꼭 같은 화제로 10분 동안이나 강연을 한다면 청중은 지루함을 느낀다.

권태감이 졸음을 불러 온다.

이러한 것을 방지하는 것이 화제의 진전 및 전개와 '틈'이다. '틈'은 화술의 기본적 요령이다.

■ 무엇보다 기초가 제일이다

  고교졸업생들의 입사시험에서는 작문을 쓰는 경우가 있다. 제목은 대개 '나의 가정'과 같은 종류의 것이다.
  채점하는 사람은 우선 답안지의 최초의 한 행과 최후의 한 행의 글자를 비교해 본다.
  만일 처음 쓴 글자보다 나중에 쓴 글자가 날림이 되어 보이면 실격이다.
  불과 1천 자도 되지 않는 답안을 쓰는 데에도 그만한 끈기를 유지하지 못한 사람이라고 생각하기 때문이다.
  그 다음에는 눈으로 쭉 훑으면서 오자나 탈자를 찾는다. 이것은 기본적인 학력의 부족과 부주의, 그리고 준비성이 없는 것을 말해 주기 때문인 것이다.
  제3단계에 들어가서 비로소 전체를 쭉 읽어본다. 무엇을 썼는가, 포인트가 뚜렷하지 못한 것은 실격이다. 재치 있는 표현이나 아름다운 묘사 등은 그다지 중요시하지 않는다.
  그런 것보다는 하려고 하는 말이 한줄기 굵은 선으로 일관되는가가 더 중요하기 때문이다.
  구두(口頭)에 의한 설득력과 같은 정도로 문장에 의한 표현력도 있어야 한다. 특히 문장에 있어서는 기초적 학력, 논리적 사고력, 상식의 풍부함이 잘 나타나는 법이다. 그 점을 보는 셈이다.
  제4단계에는 내용-애정이 풍부한 가정환경인가 아닌가-를 본다. 부모의 경제력이나 사회적 지위 따위는 문제가 되지 않는다.

어떠한 인품의 양친 밑에서 자라나 어떠한 가정생활을 하고 있는가를 알아보고 싶은 것이다.

예전부터 "읽어야 하고 쓸 줄 알아야 하고 계산할 줄 알아야 한다"라는 말이 있듯이 이것이 교양의 토대인 것이다. 자기의 특성을 살려라, 개성적이어야 한다-라고 말하더라도 이러한 기본이 되어 있지 않으면 크게 뻗어나갈 수 없다.

현대사회는 정보과잉, 지식과잉의 시대라고 일컬어진다. 부족한 것은 지식이 아니라 지혜다. 지식을 자기의 것으로 만들어 그곳에서 창조력을 이끌어 내는 지혜가 부족하다.

그러나 동시에 어중간한 고등지식은 과잉일지 모르지만 가장 중요한 읽기, 쓰기, 계산하기와 같은 기본적인 학력이 부족한 것도 사실이다. 이것은 지식이라기보다도 지식 이전에 갖추어야 할 사항이라고 하는 편이 좋을지도 모른다.

또 앞으로는 적어도 외국어 하나 정도는 읽고, 쓰고, 말할 수 있지 않으면 안 된다. 하여간 20대에는 기초학력을 단단히 익혀야 한다. 토대를 단단히 다지지 않으면 비약을 할 수 없다.

■ **전력투구했다면 후회가 없다**

게으름뱅이는 자기가 게으르다는 사실을 깨닫지 못한다. 미치광이가 자기는 미치광이가 아니라고 주장하는 것과 같다.

의식적 행위를 지속해 가면 습관이 되고 성격이 된다. 그리고 습관처럼 무서운 것은 없다.

반대로 나는 이렇게 되고 싶다고 생각하면 그러한 행동을 계속 취해 감으로써 그것이 정착하여 성격이 된다. 이것이 '매력 있는 인간'이 되기 위한 결정적 방법이다.

일을 함에 있어서 완전주의, 중점주의, 집중주의 세 가지 굵은 기둥을 갖춰야 한다고 말했는데 이 말은 요컨대 언제든지 "그 때 그 자리에 전력투구하여라"라는 말과 꼭 같은 의미이다.

충실(充實)한 인생이란 궁극적으로 '현실을 어떻게 충실하게 사는가'에 달려 있다.

현실의 충실함이 없이 내일의 충실을 논하거나 어제의 충실을 되돌아보는 것은 아무런 의미가 없다. 현실을 연소(燃燒)시키고 현재의 의식을 각인시켜 현재의 기쁨을 실감(實感)해 차곡차곡 쌓아가는 것이 바로 인생이다.

무슨 일이든지 전력투구했을 때에는 뒤에 가서 후회를 하지 않는다. 마음과 몸이 모두 지쳐 버릴지라도 상쾌한 피로인 것이다. 건강한 피로다.

비록 결과가 좋지 않게 나왔다 할지라도 '나는 할 수 있는 한 모두 일은 다했다' 하고 스스로를 위안할 수가 있다.

자기 자신이 납득할 수 있는 인생을 사는 것이 심신 건강의 열쇠다.

일에 대한 평가는 남이 해 준다. 전력투구하면 남의 평가를 순순히 받아들일 마음이 생긴다. 아무런 구애 없이 허심탄회하게 들을 수가 있다.

　남의 평가에 신경을 쓰면서 하는 일은 본래 그 자세가 외향적(外向的)이므로 자기의 능력 판정이 공정하게 될 수가 없다. 자기의 힘을 다 발휘하기를 아낀다면 결국 자기 자신도 성장할 수 없고 또 남의 말을 순순히 들을 도량도 키울 수 없게 된다.

　사람이면 누구나 자기의 능력을 남으로부터 평가당하는 일처럼 싫은 것은 없는 법이다. 좋게 말해 주면 안심이지만 나쁘게 말해주는 것이 싫기 때문이다. 그런데 잠깐 언급했듯 인간은 자기의 얼굴을 거울을 통해서만 볼 수있다. 자기의 능력은 남의 평가를 통해 알 수 있다. 그러니까 애써 허심(虛心)하게 겸허히, 그리고 순순히 남이 하는 말을 들을 수 있는 조건을 자기 자신 쪽에서 갖추어야만 한다.

　인생의 스승, 일에 있어서의 스승으로 상정(想定)한 라이벌의 거울에 비추어 보아 자신을 평가하라.

■ 반성과 계획은 현대사회를 살아가는데 필수

　필자는 매년 한 해를 마무리할 때쯤 하여 10년 전의 메모장을 들추어 보면서 깊은 생각에 빠져보기도 한다. 메모장에는 지나간 나날들에 관한 스케줄이 가득히 쓰여 있다. 어디에서 누구와 만났는가, 어떤 일을 했었는가가 메모장의 페이지를 넘길 때마다 되살아난다.

　또 메모장에는 그 때 남이 말해준 좋은 의견, 감명을 받았던

말들이 씌어 있다. 그런 것들을 보면서 1년간을 반성한다. 그와 동시에 10년 동안의 것을 눈으로 죽 훑으면서 금년과 작년, 금년과 재작년 등이 어떻게 달라졌는가, 10년 전과 어떻게 달라졌는가를 반성한다. 그리고 나서 다음 해의 계획을 세운다.

  작은 목표와 그 실행을 계속하는 일은 의지력의 단련도 된다.
  예전부터 "1년의 계획은 설날에 세워라"는 말이 있는데 1년에 한 번 과거의 실적을 총결산하여 자기 자신의 현재를 완전히 평가해 보는 것은 반드시 필요한 일이다.
  자기 분석을 하지 않으면 진보가 있을 수 없다.
  그 다음에 계획을 세운다.
  "서툰 총질이라도 여러 번 쏘면 한 개는 들어맞는다"라는 말이 있지만 성공은 이러한 안이한 사고방식(思考方式)으로는 이룩할 수가 없다.

이렇게 하면 이렇게 된다는 목표가 없으면 가령 한 번은 맞을 수 있을지 모르지만 두 번째는 맞지 않는다. 확률을 높일 수 있는 것은 깊이 생각하는 데에 입각한 플랜이다. 그러므로 플랜이란 하루하루의 생활에도 반드시 필요하다.

매일 밤 10분간이라도 좋으니까 내일 자기가 무슨 일을 할 것인가를 생각하라. 해야만 할 일의 중요도를 생각하여 가장 중요한 일부터 처리에 갈 수 있는 플랜을 세워야 한다.

또한, 하루에 한 번 잠깐 동안이라도 좋으니까 홀로 생각할 시간을 가져야만 한다. 혼자 조용히 반성하며 계획을 짜는 시간을 가졌는가, 못 가졌는가는 하루를 지내면서 반드시 반응을 나타낸다.

임시방편적인 급한 불을 끄기 위해 급급한 인간은 현대를 사는 유형의 인간은 아니다.

 MEMO

| 제 3 장 |

일과 도전정신

3 일과 도전정신

산중에서 보물을 찾기 전에, 먼저 내 두 팔에 있는 보물을 충분히 이용하도록 하라! 그대의 두 팔이 부지런하다면 그 속에서 많은 것이 샘솟아 나올 것이다. 사람은 하는 일에 신념을 갖지 않으면 안 된다. 그리고 누구나 자기가 옳다고 굳게 믿는 일을 실행할 만한 힘을 가지고 있는 법이다. 자기에게 그러한 힘이 있을지 하고 망설이지 말고 나아가라.

〈괴테〉

■ 한 곳에 힘이 모이면 뜻이 이루어진다

"나는 책을 빨리 읽을 수가 없다."라고 말하는 사람의 태반은 책을 읽는 기술이 서투른 것이 아니라 실은 읽고 있어도 정신이 산만해져 다른 일을 생각하기 때문이다. 책방에서 점원의 눈을 피해가며 만화책을 정신 없이 읽고 있는 초등학생을 보라. 그 스피드가 얼마나 빠른가, 독파력(讀破力)에는 상당히 자신이 있다고 생각하는 나도 도저히 따라갈 수가 없을 정도다.

그들은 언제나 "만화책만 읽고 있으면 어떡해!"라고 꾸짖는 부모나 점원의 눈을 피하여 읽지 않으면 안 된다는 강렬한 욕구와 무척 재미있다는 흥미에 의하여 정신이 집중되어 있으므로 만화책을 읽을 때에는 속도가 무척이나 빠른 법이다.

즉, 흥미와 필요가 집중을 위한 두 가지의 심리적 조건이다.

'의식(意識)의 지속(持續)'이 실은 우리들의 참다운 인생이다. 현재를 의식하여 충실하게 만들지 않으면 현재의 인생은 없다.

현재의 충실감이 없으면 내일도 모레도 충실함은 없으리라. 그런데 의식을 집중시키기 위해서는 앞에서 말한 바와 같은 이유가 있으므로 첫째 필요를 뚜렷하게 깨달아야만 한다.

왜? 무엇 때문에? 지금 이것을 하지 않으면 안 되는가를 명확히 해야 한다.

그리고 집중하는 것은 다음 항에서 말하는 중점주의와 표리일체의 관계에 있다. 중요하다고 여기기 때문에 집중하고자 하는 마음도 우러나오게 되는 법이다.

그러면 어떻게 하면 집중력을 높일 수가 있는가?

첫째, 육체의 컨디션을 언제나 건강 상태로 만들어 두지 않으면 안 된다.

수면부족이거나, 위장 상태가 나쁘면 집중할 수가 없다.

둘째, 달리 신경이 쓰이는 일을 지니지 말 것, 또한 심리적으로 신경이 쓰이는 일은 집중을 하는데 방해가 된다. 그러니까 좋은 일을 하려는 사람에게는 원만한 가정생활이 절대적 조건이 된다.

집중은 훈련이다. 언제나 집중시키려고 의식하여 훈련을 쌓아야 한다.

나의 일상생활은 시간적으로 무척이나 분망하다. 전국을 다녀야 하는 직업이기 때문이다. 때로 차나 기차를 타고 목적지에 도착하는 때까지 책을 읽을 때도 있지만 비행기에 탔을 경우에는 조명이 어두컴컴하므로 눈이 피로해진다. 이럴 때에는 잠을 자는 편이 훨씬 효과적이다.

그래서 비행기를 타면 곧 잠들 수 있는 연습을 했다. 눈을 내리감고 시계를 차단해 버린다. 잡념을 뿌리치고 마음을 푹 가라앉힌다-이러한 연습을 거듭한 덕분에 지금은 어디에서든지 언제든지 자려고 생각하면 잠을 잘 수 있게 되었다.

집중력을 높이는 것도 그날그날의 연습 여하에 달려 있다.

■ 중요도 리스트가 여유를 부른다

일을 한다는 것은 '가치(價値)의 창조(創造)'다.

가치를 만들어 내지 못하는 일은 일이라고 할 수가 없다.

그리고 일을 함에 있어서 우선 그 일의 의미를 생각하라. 어떠한 가치가 있는가, 어떻게 하면 가치를 만들어 낼 수 있는가를 생각하라.

다음에 많은 일에 대하여, 그 중요도(重要度)의 순번을 매겨라. 그리고 가장 중요한 일부터 착수해야 한다.

중요도는 그 일이 지닌 가치와 타이밍의 양면에서 측량하라. 꼭 해야만 할 일은 무엇인가. 오늘 하지 않으면 의미가 반으로 줄어드는 수도 있는 것처럼 타이밍은 어떠한가를 생각하여 결정해야 한다.

여기서 말해 두겠는데 중요도의 순번에 따라서 일을 한다는 것은 일의 절차를 말하는 것은 아니다. 절차란 한 가지 일에 있어서의 진행 순서다. 요리를 할 때 냄비를 불에 얹고 나서 재료를 씻는 따위의 일을 가리켜 절차를 잘못 밟는다고 말한다.

걸레나 행주를 엇바꿔 쓰는 사람은 없겠지만 일의 중요도에는 무관심하여 아주 조그마한 일에 몰두한 채 "바쁘다, 바빠.", "시간이 없다."라고 말하고 있는 사람이 뜻밖에도 많다.

감독자, 관리자, 경영자의 순서로 역할과 권한이 점점 커져 일이 많아져 특히 이러한 사고방식이 중요해진다.

중점주의로 행동할 수 없는 사람은 남을 부릴 수가 없다.

R·다운젠트 씨는 「조직에 활력을 넣어라」라는 책 속에서 다음과 같이 말하고 있다.

"집중하기란 쉽지가 않다. 나는 다음과 같이 나 스스로를 채찍질하는 말을 종이에 써서 전화를 받을 때나(특히 남과 만날 약속을 할 때) 내 방에서 손님을 맞이할 때에 잘 보이도록 맞은편 벽에 붙여 두었다. '내가 지금하고 있는 일, 또 하려고 하는 일은 우리들을 목표로 가까이 이끌고 가줄 것인가'라고."

참 재미있는 일이지만 일상의 일 가운데에는 시간이 해결해 주는 종류의 것들이 있다. 그러니까 지금 당장하지 않으면 안 될 일에만 달려들면 된다.
이렇듯 일을 엄격히 가려서 착수하면 앞에서 말했듯이 집중하기가 쉬워진다. 중점적으로 집중하여 일을 하면 빨리 끝난다.
그리고 중점주의는 시간을 만들어 줄 뿐 아니라 마음의 여유까지도 만들어 준다.

■ 일에 있어서 완벽주의는 멋진 것이다

미국의 유명한 저널리스트인 존 간서 씨에 대해
"그자가 지나간 자국에는 풀도 나지 않는다"라고 동업자들이 그를 두려워했다고 한다. 너무나 철저히 취재하여 일단 그가 취재한 뒤 다른 기자가 가도 그 이상의 새로운 소스는 발굴할 수가 없기 때문이란다.
일에 있어서는 완전주의·만점주의를 추구해야 한다. 어중간한 일을 하면 주위에도 폐를 끼치게 되고 자기 자신도 성장할 수가 없다.

 작가가 정신을 온통 기울여 쓴 작품은 그 작가에게 똑같은 것을 다시 쓰라고 해도 써 낼 수 없는 법이다.

 그 시점에 있어서 거의 전력을 다 짜낸 것이기 때문이다.

 "다시 한번 해 보아라."라는 말을 들어도 절대로 다시 한 번 더할 수 없을 정도로 전력투구하여야 한다.

 검도에서는 '체(體)·기(技)·심(心)'이라는 말을 내세운다. 체력, 기술력, 정신력이 충실하게 일체가 되어야 비로소 최고의 강함을 발휘할 수가 있다고 한다. 그 시점에서 체, 기, 심의 총력을 집결시킨 일은 뒤에 가서 다시 한 번 되풀이하려고 하여도 할 수가 없다.

 만점주의·완전주의를 추구함에 있어서는 항상 다음과 같은 일을 생각하라.

 첫째, 만약 실패한다고 한다면 무엇에 걸려서 주저앉게 될 것인가, 어떠한 이유로 실패하게 될 것인가 생각해 보아야 한다. 인간은 누구든지 약점을 가지고 있다.

 술에 약한 인간은 술로 인하여 과오를 범하게 되리라. 여자에게 약한 인간은 여자로 인하여 실수를 하기가 쉽다. 그러므로 기술상, 정신상, 생활상의 약점에 대하여 끊임없이 주의를 하여야 한다.

 둘째, 성공하기 위한 중요한 조건은 결정적 수단을 가진다는 것이다. 결정적 수단을 가지고 있으면 승부에 강하다. 약간의 약점도 커버할 수가 있다. 이 결정적 수단의 축적 및 함양에 항상 마음을 써야 한다.

셋째, 만약 이 방법으로 실패하면 다음에는 이러한 수단으로 나가자-라고 선후책(先後策)을 미리부터 준비해 두라. 만일에 대비하여 제2안, 제3안을 준비해 두는 것이 만전의 대비책이라고 할 수 있다. 그러나 완전주의를 추구한 나머지 초조하게 굴어서는 안 된다.

어떠한 일이라도 단 한 번으로 만족을 얻어 낼 수는 없다. 몇 번이든 되풀이하여 하는 동안에 한층 더 숙달되고 원숙하여지는 법이다.

■ 일에서 아름다움을 찾아내는 즐거움

모 회사의 사장은 컨설턴트들이 회사 분석을 한 수많은 자료를 내놓고서 결과를 보고할 경우에도 결론은 가능한 한 간단명료하게 1개조 1개조씩 개조로 써서 설명하도록 시키고 있다.

제아무리 뒤엉킨 실이라도 풀어 버리면 한 올의 실에 지나지 않는다. 아무리 복잡한 것이라도 단순하게 분해할 수가 있다. 단순한 것에는 간소한 아름다움이 있는 법이다.

일을 아름답게 하라는 것은 완성 형태가 뚜렷하고 단순 명료하게 정리되도록 하라는 말이다. 솜씨 좋은 목수는 대패질을 한 판자면에서도 나타난다. 마치 단 한 번 대패질한듯 힘차고 단순한 아름다움이 있다.

잘된 좋은 일에는 간결한 아름다움이 있는 법이다.

보고서를 쓸 때에도, 이야기를 할 때에도 '간단히 요체를 알도록' 우선 마음을 써야 한다. 앞에서 "생략이란 충실이다"라고 했는데 생략이란 많은 재료를 대담하게 버림으로써 비로소 살아나게 된다.

버릴 수가 없는 것은 잘 소화되어 있지 않기 때문이다. 어떤 테마를 완전히 소화한 사람은 5분간으로도 모든 것을 얘기할 수 있지만 그와 반대로 3시간을 이야기하라 해도 그대로 알차게 이야기할 수 있을 만한 재료를 가지고 있는 법이다.

그런 만큼 5분간의 이야기는 아주 충실한 것이 되는 셈이다.

일을 아름답게 완성시키는 또 하나의 조건은 처음과 끝의 구분을 명확하게 짓는다는 것이다.

솜씨 좋은 목수일수록 도구를 소중히 다루어 일이 끝났을 때에 그 도구를 꼼꼼히 챙긴다. 너저분하게 늘어놓는다는 것은 남이 보기에도 지저분하다.

언제 일을 시작했는지, 끝냈는지 알아 볼 수 없을 정도라면 본인 자신도 일에서의 해방감은 맛볼 수가 없어 마음이 찜찜하리라. 그러니까 일 자체도 산뜻하게 될 수가 없는 법이다.

일은 정직하다. 결과는 거짓말을 하지 않는다. 그러니까 할 때에는 일사불란하게 하면 반드시 그에 상응하는 결과가 나타난다.

남자가 가장 아름답게 보일 때에는 무슨 일이든지 열정적으로 최선을 다하는 모습이라고 많은 여성들은 말한다. 직장에서 여성이 남성에게 반하는 것은 대개가 그러한 남자의 모습에 있다고 한다. 그러한 태도로 일에 임하였을 때에는 그 결과도 아름다운 법이다.

비록 일의 결과가 좋지 못했다 하더라도 과정에서 충실했다고 할 수 있다.

이렇듯 일을 하는 태도에는 사심(邪心)이 없어야 한다.

쓸데없이 눈앞의 것에만 급급하여 아름다운 결과만을 만들어 내려고 조급히 굴거나 결과를 눈가림으로 넘기려 하더라도 긴 안목으로 볼 때에는 절대로 아름다운 일을 해낼 수는 없다.

'일은 정직하다.' 그리고 아름다운 일을 하려고 생각하면 우선 일에 임하는 아름다운 태도를 취하지 않으면 안 된다.

■ 스타트가 그 뒤의 인생을 결정한다

인생은 무슨 일에 있어서나 출발점이 아주 중요하다. 작가들은 책의 맨 첫줄을 쓸 때에 가장 많은 에너지를 소모한다고 한다.

재담도 첫마디가 서투를 때에는 듣고 싶은 마음이 달아나 버린다.

일도 마찬가지다. 맨 윗 단추를 잘못 끼운 상태에서 계속 내려가면 중간에서 아무리 애를 쓰더라도 맞아 들어가지가 않는다.

처음부터 다시 시작하는 편이 차라리 빠르다.

플랜이란 일이 잘 되어 가도록 레일을 까는 것을 말한다. 레일 위를 달리고 있으면 탈선할 때에 탈선했다는 것을 금세 알게 된다.

레일을 깔기 위해서는 준비가 필요하다. 어떠한 레일을 깔고 어떻게 달려서 어디에 닿게 되는가를 미리 환하게 꿰뚫어 봐야 한다.

어떠한 일을 하라는 명령을 받으면 "예"하고 이내 달려드는 사람이 있다. 순순한 점은 무척 칭찬할 만하다. 그러나 그 일에 착수하기 전에 적어도 10분 동안은 어떠한 순서에 의해서 일을 시작할 것인가를 생각해 보아야 한다.

예를 들어 3가지 서류를 봉투에 넣어서 받을 사람의 주소와 이름을 쓰는 작업이라고 치자. 덮어놓고 무작정 시작해서는 능률도 오르지 않고 실수가 있어도 체크할 수 없을 것이다.

세 종류의 서류를 어떤 순서로 책상 위에 늘어놓는 편이 능률이 더 오르는가. 어떤 것부터 작업하는 것이 좋을까라는 수순을 생각하고 난 후 하여야 한다. 즉, 사전 준비가 없으면 계획도 세울 수가 없다.

이러한 손으로 하는 작업이라면 능률이 오르지 않을 뿐이겠지만, 일에는 타이밍이라는 것이 있다. 타이밍을 놓치면 모처럼의 노력도 물거품이 되는 경우가 많다.

신문기자나 세일즈맨은 사전 조사를 하는 데에 성공과 실패가 달려 있다고 하여 준비하는 시간을 많이 할애한다.

'아차! 물어볼 것을 못 물어 보았구나'라고 나중에 생각하면 그것은 이미 엎질러진 물이기 때문이다.

물론 일을 추진시켜 가는 과정에서 상황의 변화도 일어날 수 있다. 예외는 항상 있기 마련이기 때문이다. 예외가 두 가지 계속하여 나타나게 되면, 품질관리의 전문어로 '연속(連續)'

이라고 한다. 이렇게 되면 요주의(要主義) 상황이다.

그러할 때에는 공정(工程)을 다시 한 번 체크하여 추진 방법을 수정하고 조정해야 한다. 이것이 컨트롤이다.

그런데 플랜 없이 일을 시작하면 예외라도 예외로 알아낼 수가 없기 때문에 조정할 도리가 없다.

인생도 역시 마찬가지다. 스타트가 그 뒤의 인생을 결정한다고 해도 지나침이 없다.

■ 끝마무리에 따라 일의 승부가 정해진다

"그림으로 그린 용(龍)에 눈동자가 없다"라는 말이 있다. 99% 정성껏 그린 용 그림에 마지막으로 쿡 쏘는 듯한 눈동자를 그려 넣지 않으면 그림이 전혀 살지 못한다.

스타트도 중요하지만 끝마무리는 더욱 중요하다. 결과가 모든 것을 증명한다고 한다. 끝마무리가 없으면 일은 완료되지 못한다. 결과는 정직하다. 도중에 아무리 잘했더라도 결과가 나쁘면 노력은 모두 물거품이 되어버린다.

세일즈맨이 즐겨 사용하는 용어로 고객이 계약서에 서명할 단계를 가리켜 '체결(締結)'이라고 하는데 그전까지 아무리 시간과 노력을 들이더라도 고객이 막상 구매 의사를 결정하여 계약서에 서명하지 않으면 세일즈가 끝났다고 할 수 없다.

다시 말하면 한 발자국 더 나아가 대금 회수가 끝났을 때 비로소 세일즈가 완료됐다고 할 수 있다.

일이 진정으로 끝나는 것은 그 일에서 무엇을 배웠는가를 생각하고 결산해 보는 시점이라고도 할 수 있다. 이러한 결산이 없으면 일은 위를 향하여 더 이상 뻗어나가지 못한다.

절도(節度)는 일에 있어서 뿐만 아니라 인생 모든 면에 있어서도 중요하다.

일단 신세를 지면 곧 인사를 하러 간다. 물건을 사면 그 자리에서 대금을 치른다. 문장을 쓰면 피리어드를 찍는다. 최후의 끝마무리가 없는 한, 아직 그 사항이 계속 진행되고 있다고 생각하여 서둘러 끝마무리를 지으려고 노력해야 한다.

이것은 생활 태도로서 아주 중요한 면이다. 이러한 생활 태도를 지닌 사람은 남으로부터 신뢰를 받고 사랑을 받는다. 인간 매력의 중요한 요소인 것이다.

남을 부리는 입장에 있는 사람에게
"어떠한 젊은이가 바람직스러운가?"라고 물어 보면 거의 모든 사람들이

첫째, 젊은이다운 적극성이 있는 사람,

둘째, 구분이 명확하고 절도가 있는 사람, 두 가지를 꼽고 있다.

이 두 점에 관해서는 거의 이론이 없다.

끝마무리를 짓는다는 것은 정신 위생상으로 필요한 일이다.

용두사미(龍頭蛇尾)격의 일을 하고 있으면 언제나 그것에 신경이 쓰인다. 놀고 있어도 마음이 편치 않다.

'인사를 드리러 가야지' 하고 생각하고 있으면서도 미처 가지 못하는 동안, 그 사람과 길거리에서 우연히 마주쳤다고 하

면 묘하게 서먹서먹한 기분이 드는 법이다.

끝마무리를 뚜렷이 짓는 생활에는 마음에 어두운 그늘이 없다.

언제나 밝고 산뜻한 기분으로 생활하기 위해서도 절도 있게, 구분을 명확히 하는 것이 바람직하다.

■ 우수 인재, 보통 인재, 스크랩 인재

회사에서 일하는 사원들을 분류하면 바로 이 제목에서 예로 든 사람들처럼 나눌 수가 있다. 즉, 고정적인 일, 지시한 일조차도 만족하게 할 수 없는 사람들은 스크랩 사원이다.

그 다음으로 고정적인 직무, 지시한 일만을 별 탈 없이 끝내는 사람은 극히 평범한 한 사람 몫의 인간이다. 그러나 시키지 않아도 스스로 일을 만들어 하는 사람이 우수 사원이다.

현재 회사에서 시키고 있는 일이 그 사람의 능력보다 더 높이고 어려운 경우는 거의 없을 것이다.

오히려 일이 지나치게 쉽다는 불만을 말하는 사람들이 훨씬 많다. 그럼에도 불구하고 스스로 자유재량으로 할 수 있는 일을 만들어 내려는 사람은 아주 적다고 생각된다.

'체험적 셀러리맨론' 속에서 회사를 풍자하여 실제로 회사를 지탱하고 있는 것은 기껏해야 7명 내지 8명, 나머지는 그저 주위에서 에워싸고 있을 뿐이다. 오히려 개중에는 적당히 매달려 있는 사람도 있다는 말을 하고 있는데 최근과 같이 각박한 기업 환경에서는 이러한 회사는 망해 버리고 말 것이다.

일은 입체적으로 세로로 쌓아올려 가지 않으면 늘지 않는다. 평면적으로 옆으로 늘어놓아 넓혀 가기만 해서는 성장할 수가 없다. 세로로 쌓아 올린다는 것은 스스로 일을 만들어 낸다는 것이다.

일을 스스로 만들어 내는 사람은 일이 재미있어진다. 흥미도 솟아나고 의욕도 생긴다. 그리하여 능력도 뻗어나가게 된다.

그러면 일을 만들어 낸다는 것은 어떤 의미인가. 그 하나는 질(質)을 높인다는 것이다. 다른 항에서 말했듯 하는 일에 대한 가치를 생각하고 그리고 세심한 배려를 하면 필연적으로 수비범위(守備範圍)도 넓어지게 된다.

"일은 훔치는 것이다"라는 말이 있는데 남의 일도 자기 자신의 것으로 만들어 버려야 한다. 그렇다고 해서 라이벌 의식을 가지라는 말은 아니다. 협력이라는 형태로 하는 수도 있고 실력이 늘어 가면 당연히 상사로부터 보다 더 큰 일을 명령받게 되므로 조직상 일이 확대되는 수도 있다.

나아가 여유가 있는 사람은 자기의 일을 달성한 뒤에 계(溪)전체, 과(課) 전체의 일을 관찰하여 익혀 버린다. 즉 평사원 때에는 계장의, 계장 때에는 과장의, 과장 때에는 부장의, 부장 때에는 임원의, 임원 때에는 사장의 일을 이미 할 수 있도록 준비하고 있는 것이다. 이러한 회사는 반드시 번창할 것이고 일하는 개개인도 생생하게 활동할 수 있다.

조직에서 일하는 사람의 능력의 확장은 이처럼 행해지는 것이 이상적이다.

■ 실패는 성공의 수업료다

　필자의 지인 중에 항상 소지금을 셋으로 분산해서 가져 다니는 분이 있다.
　그는 학생시절에 소매치기를 당했는데 재수 없게도 막 송금받은 돈을 모두 잃어버려 앞이 막막했던 경험이 있었다는 것이다. 그 후, 어떻게 하면 소매치기 당하지 않을까 고민을 하였는데, 우선 소매치기를 조심하는 것은 당연한 것이고, 만약 소매치기를 당하더라도 피해를 최소한도로 줄일 수 있는 수단을 모색했다고 한다. 그래서 선택한 것이 소지금을 나누어 다니는 것이었고 그 결과 피해를 줄일 수 있었다고 한다.
　인생에서 실패란 반드시 있을 수 있는 것이다. 그러나 같은 실패를 몇 번이고 되풀이 하고 있다면 진보(進步)는 있을 수 없다. 그러한 사람은 성공할 수 없다. 그래서 늘 교육생들에게 이같은 이야기를 해준다.
　"실패는 성공을 위한 수업료(授業料)라고 생각하라. 그러나 같은 과오를 가끔 되풀이한다면 한 사람 몫의 인생이라고는 할 수 없다."
　실패를 성공의 수업료로 삼을 수 있다면 오히려 값싼 법이다. 실패를 하면 실패 요인을 철저하게 주의 깊게 분석해 보아야 한다.
　그 대책으로는 일시적인 대책과 발본적인 대책이 있다. 일시적인 일시방편격 대책은 결함이 있게 되고, 실패를 다시 반복할 수 있다. 실패하면 두 번 다시 되풀이되지 않도록 발본적(拔本的)으로 대책을 세워야 한다.

세계적인 만년 될 제조회사 파카의 창립자 조지 새포드 파카는 본래 문방구의 소매점 주인이었다. 그가 만년필 연구를 시작할 때 처음으로 한 일은 만년필을 1백 27개 품목으로 분해하는 일이었다고 한다.

어디에 결함이 있는가, 사물의 본질, 상태, 일의 절차 등을 상세히 분석해 본다. 분석을 하지 않으면 대책을 세울 도리가 없다.

최근에는 창의력이나 문제 해결능력을 직장에서도 요구하고 있는데 그 창의력, 문제 해결능력의 제1단계가 분석력이다. 신제품 신기술의 개발이라고 해도 그 대부분은 이미 존재하는 조건의 견해를 바꾸고 배합을 바꿈으로써 생겨나게 된다고 볼 수 있다.

■ **대담하게 나아가는 용기, 작은 것도 놓치지 않는 세심함**

일과 사업에서 그것을 실행해 나갈 때에는 항상 두 가지 안목이 필요하다.

먼 경치를 둘러보는 망원경과 미세한 것도 절대로 놓치지 않고 보는 현미경, 대담하게 나아가는 용기와 세심함-이 두 개의 시점(視點)이 밸런스를 취해야만이 현실적으로 무언가를 처리할 수가 있게 된다.

젊은 사람은 의논(議論)하기를 좋아한다.

'아이디어를 짜내 달라' 하면 기꺼이 모으고 여러 가지 지혜를 짜낸다. 그런데 막상 그것을 실행해 달라하면 싫어하는 사람들이 많다.

즉, 자질구레한 일은 성가시다는 것이다.

그런데 인생사는 무슨 일이든지 이러한 자질구레한 일의 중첩이 없으면 성립되지 않는다.

누구든지 요리를 먹는 것은 다 좋아한다. 그러나 먹을 수 있도록 요리가 식탁 위에 놓일 때까지는 생선이나 야채를 씻고 칼질하고, 찌고 굽고 하여 접시에 보기 좋게 담아야만 하는 데는 대단한 노력이 치러지는 셈이다. 또한 먹은 뒤에 접시나 냄비를 씻어야 하는 뒤처리가 남게 된다.

일에 있어서도 이와 같이 어떤 목적을 달성하는 일의 과정에는 그 준비 단계나 부차적인 사업, 그리고 뒤처리와 같은 주활동(主活動)을 지탱하는 활동이 반드시 필요하다.

보통 이러한 일이 40퍼센트를 넘어서게 되면 능률이 좋지 않다고 하는데 30퍼센트 전후는 반드시 있게 마련이다.

예컨대 필요악이라고 해도 좋은 일에 있어서의 필연적인 과정이다.

예를 들면 컴퓨터를 이용하면 계산이 빠르기는 하지만 주판처럼 갑자기 툭툭 튕겨서 사용할 수는 없다. 데이터를 컴퓨터에 집어넣을 수 있도록 컴퓨터의 용어를 번역하고, 또한 컴퓨터를 조작할 수 있도록 프로그래밍 하지 않으면 안 된다. 그러려면 전문적인 기술과 상당한 시간 및 노력이 필요하게 된다. 그러하므로 이 부분적인 일이 제대로 되지 않으면 절대로 좋은 결과가 나타나지 않는다.

일을 잘 처리하는 사람, 일을 해낼 수 있는 사람이라는 것은 이러한 어려운 부분의 것도 능률적으로 처리해 가는 사람, 일에서 절대로 손을 빼지 않는 사람을 말한다.

흔히 '일에 대한 직감이 뛰어나다' 라든가 '일에 대한 요체를 알고 있다' 라고들 말하는데, 직감이나 요체는 이러한 점을 야무지게 하는 데에서 생겨나게 된다. 훌륭한 칼을 벼리어내는 도공(刀工)의 직감과 요체는 온 정신과 혼을 다 기울여 내리치는 망치질 하나하나에 숨어 있는 법이다.

■ 잔잔한 감동이 있는 배려의 힘

지난번 어떤 회사에 초대를 받아서 강연차 지방으로 갔다.

강연이 끝나고 나서 공항까지 전송해 주는 차에 탔는데 동승한 그 회사에 근무하시는 분이 "선생님, 이 지방에는 처음 오셨습니까?" 하고 물었다. 그렇다고 대답하였다. 그랬더니 그 분은 비행기 탑승 시간에 맞춰 여기저기 드라이브를 시켜주었다.

공항에 도착하니 비행기가 이륙하기 꼭 15분 전이어서 40분 이상이나 공항에서 멍하니 기다리지 않아도 되어 참으로 그분께 감사하는 마음이 들었다.

그 사람의 일은 나를 공항까지 배웅하는 것뿐이었다. 그대로 곧장 공항으로 가도 누구에게서 잔소리를 들을 이유는 없었다.

그런데 그분이 일부러 처음 이 지역에 온 나를 위해 드라이브를 시켜주며 아름다운 풍경을 구경할 수 있도록 친절을 베풀었으므로 얼마나 감사했는지 모른다.

'대(大)는 소(小)다. 소(小)는 대(大)다'의 항(項)에서도 말했지만 일에 있어서는 세심한 배려가 아주 중요하다. 또한 세심하게 신경을 쓴 일은 반드시 남의 마음을 사로잡는다.

그 때에는 눈에 띄지 않더라도 언젠가는 반드시 빛을 발하게 된다.

정말로 멋을 아는 사람은 남의 눈에 띄지 않는 곳에 돈을 들인다.

일에 있어서도 마찬가지다. 남의 눈에 띄지 않는 곳에까지도 배려를 하는 것이 진짜 일이라고 할 수 있다. 이러한 배려는 우선 일을 소중히 배우는 자세에서 생겨난다. 아무리 조그만 일이라도 얕보지 않고 진지하게 달려드는 데에서 생겨난다.

큰 인물이 될 사람은 안내의 일을 시켜도, 전표 정리를 시켜도 보는 눈이 다르다. 남은 배려할 줄 안다. 이러한 배려가 자기 자신을 성장시키는 영양제인 것이다.

다른 하나는 친절한 마음이다. 상대방의 처지가 되어서 배려하는 마음이다.

'만일 나라면 이렇게 해 주었으면 좋겠는데'라고 생각하는 것이 친절한 마음인 것이다.

친절함이 빈틈없이 세심한 것에 이르기까지 정성이 깃든 일을 해야만 비로소 '완전한 일'이라고 할 수 있다.

■ **건강한 경쟁심리가 높은 고지에 오르게 한다**

대양에 우뚝 솟은 고도(孤島)에서 단지 홀로 생활하면서도 진보할 수 있는 것은 무척이나 의지력이 강한 사람이 아니면 안 된다.

로빈슨 크루소는 그러한 점에서 대단한 인물이다. 그러나 로빈슨이라 할지라도 진보가 있었던 것은 아니다. 인류문화의 유산을 그대로 생활에 적용하는 지혜를 발휘했을 뿐인 것이다.

이와 같이 보통 인간이 무엇인가를 배우고 마스터하기 위해서는 반드시 앞서 간 사람(先人)이 있어야만 한다. 배운다는 것은 흉내 낸다는 것으로 즉 흉내 내는 데에서도 시작된다.

모방하여 그것을 마스터하면 다음에는 스스로 연구하여 모방의 껍질을 깨고 원형에서 떨어져 나가 독자적인 영역(領域)을 쌓아 간다.

회사에 입사한다, 상사나 선배가 일을 가르쳐 준다, 상사가 가지고 있는 지식 및 기술을 흡수한다. 그러고 나서 자기가 한 결과를 주위 사람의 것과 비교해 본다. 비교할 수 있는 것이 있으니까 표준을 삼을 수가 있고, 좋은가 나쁜가를 판단할 수가 있다.

'경쟁사회'라는 말은 이미지가 좋지 않다. 그야말로 피투성이의 쓸데없는 경쟁을 하고 있는 것처럼 느껴진다. 그러나 인간은 현실적으로 이러한 경쟁, 비교가 있으므로 진보하고 향상을 위해 박차가 가해지게 되는 것이다.

피비린내가 나게 되는 것은 결과를 공정하게 평가하려고 하지 않고 악랄한 수단을 써서라도 경쟁에서 이기려고 하기 때문이다.

스포츠에서 경쟁하는 것과 같은 마음가짐으로 경쟁하면 된다. 기록을 바꾼 선수의 공적을 사나이답게 칭찬해 주고 또한 권투를 하다가 패배한 선수의 노력에도 진심으로 박수를 보내주는 것이 스포츠의 경쟁이다.

일에 있어서도 이와 같은 마음으로 공정하고 솔직하게 결과를 인정해 주고 평가하는 정신이 필요하다.

비즈니스는 결과다. 결과는 자기가 평가하는 것이 아니다. 남들의 수많은 눈으로써 평가해주는 것이다. 더구나 절대적인 평가란 있을 수 없다. 모든 것은 상대적인 평가일 뿐이다.

인간은 신을 목표로 삼더라도 도저히 신과는 대결할 수 없다. 체념하는 것이 십중팔구다.

그러나 옆 사람이 열심히 하고 있으면 '두고 봐라. 내가 너에게 질 것인가!' 하고 분발하는 마음이 일어나게 된다. 격려가 된다. 그러니까 직업상의 라이벌을 상정하여 좋은 의미에서의 경쟁을 하는 것이 현실적인 일의 숙달법이다.

'XX군, 나와 경쟁하자!' 하고 공개적으로 명랑하게 하면 아주 좋다.

그러나 경쟁심이 묘한 방향으로 흘러가면 질투, 선망(羨望), 우월감, 열등감, 적개심 등 오히려 마이너스로 작용될 수 있다.

최종 목적은 자기 자신에게로의 도전이며, 자기와의 싸움이라는 것을 잊어버리기 때문이다. 라이벌을 상정(想定)하는 것은 어제의 자신으로부터 오늘의 자신으로 탈피하기 위한 유력한 수단인 것이다.

■ 일은 현장에서 승부를 봐야 한다

모 출판사의 사장은 주간지의 판매사항을 매일매일 역 앞에 서서 몇 10분간씩 살펴보았다 한다. 구매자는 누구인지, 몇 분 동안에 어느 역에서 몇 권이 팔리는지를 실제로 자기 눈으로 관찰한 것이다.

필자는 지금까지 현지주의, 현품주의를 지나칠 정도로 강조해 왔다. 경영은 서류도 아니며 또한 이론도 아니다.

경영은 사실의 축적인 것이다. 회의에서 의논하기보다도 우선 의논의 재료인 실체를 보아야만 한다. 뛰어난 실천가, 행동가로 불리우는 사람들은 모두들 눈으로 보고 손과 발로 행동하는 사람들이다.

동양인은 관념적(觀念的)인 경향이 있어서인지 어떤 이야기를 듣기만 하고서도 다 아는 척한다. 그러나 서양인은 실증정신(實證精神)이 무척 강하다.

근대 과학의 모태(母胎)는 실험(實驗)이다. 결코 탁상의 이론은 아닌 것이다. 실험에서 실증적으로 뒷받침된 것만이 이론이 되는 것이다.

명탐정은 반드시 현장(現場) 속에서 새로운 발견을 해 추리의 실마리를 더듬어간다.

나는 기회만 있으면 무엇이든지 직접 체험해 보려고 한다. 신제품이 나오면 구입해 직접 사용해 본다. 예를 들면 건강 유지를 위한 운동 기구일 경우에는 곧 사서 사용해 본다.

일도 눈으로 몸으로 익히는 것이다. 한번 해 보면 어떤 점을 연구 개량하면 좀더 편하게 사용할 수 있는지 자연스럽게 파악하게 된다. 음식을 가려먹는 것과 같은 상태로 일에 임하는 것처럼 난처한 것은 없다.

음식을 가려먹듯 하는 일은 절대로 마스터 할 수 없는 것이다.

재고가 있다면 창고로 가서 그 정황(情況)을 살펴야 한다. 진열장이 무너져 제품(製品)에 흠집이 났다고 할 때에는 짐이 쌓여 있는 현장으로 가서 포장(包裝)된 상황(狀況)을 자세히 조사해야 한다.

작업이나 직장을 개선하기 위한 한 수단으로서 미국에서는 관리자가 카메라를 자주 사용한다. 예를 들어 어떤 개소(個所)가 쓰레기로 가득 찬다고 할 때 그 현장에서 일을 시작할 때부터 일이 끝날 때까지 30분마다 사진을 찍는다.

그러면 몇 시에 어떠한 것이 운반되기 때문에 쓰레기가 쌓이게 되는지, 어느 시각이 가장 사람이 빈번하게 출입하는 시간인지를 파악할 수 있는 것이다.

현지·현품주의는 관리자, 경영자의 순서로 위로 올라갈수록 단단히 마음속에 아로새겨 두지 않으면 안 된다.

왜냐하면 현장, 현품에 접촉할 기회가 위로 올라갈수록 적어지기 때문이다.

자기 눈으로 보고, 자기 손으로 해 보지 않으면 알 수 없는 일들이 많다. 그 일을 자기가 직접 해 보지 않으면 일하는 사람들의 마음을 모르는 법이다.

현지, 현품주의는 신선하고 정확한 하나의 사실을 알려 줄 뿐 아니라 그 배후에 있는 많은 지혜를 체득하는 길이기도 하다.

■ 불균형과 불통이 낭비를 만든다

전쟁 중에 군인의 명령 방법이 얼마나 어처구니없는지를 말해주는 다음과 같은 에피소드가 있다.

공병들을 모아 놓고 상사가 "이곳을 파라!"라는 명령만을 내린 채 가 버렸다. 몇 시간이 지나 다시 돌아와서 고개를 갸웃거리면서 그곳을 빙빙 돌아다니다가 또 가 버렸다.

다음 날도 똑같은 일을 되풀이하는 동안 오후가 되었다. 여전히 고개를 갸웃거리면서

"이상한데!" 하고 중얼거리는 상사에게 병사 중의 한 사람이 견디다 못해 조심스럽게

"대체 우리들에게 무엇 때문에 이곳을 파게 하는 것입니까?"

"틀림없이 이쪽에 토관이 묻혀 있을 텐데."라는 대답을 했다.

병사는 어처구니가 없다는 듯이 말했다.

"토관이라면 벌써 나타났는데 깰까 봐 조심해서 파고 있는 중입니다."

그야말로 우스갯소리와 같은 비능률적인 일의 추진 방법이라고 아니할 수 없다.

낭비, 무리, 불균형의 세 가지 독소(毒素) 추방은 능률학자들이라면 누구나 부르짖는 일이다.

무슨 일이든 무엇 때문에 하는가 하는 목적과 그것을 달성하기 위한 수단이 있다. 수식적(數式的)으로 표현하면 목적보다도 수단 쪽이 큰 것을 낭비라고 한다.

백만 원의 일에 10만원의 일당을 지급하여 사람을 쓴다거나, 대야로 끌 수 있는 불을 소방차를 출동시킨다면 이것 역시 낭비인 것이다.

목적에 비하여 수단 쪽이 작은 것을 무리라고 한다. 뛰어올라도 도저히 손에 닿지 않는 사과를 따기 위해서는 아무래도

그 모자라는 몫만큼을 보충하는 수단을 사용하지 않으면 쓸데없이 애만 쓰게 될 뿐이다.

일은 일시적으로 무리를 하지 않으면 안 될 때도 있다. 밤을 새워 버티어 내지 않으면 안 될 때도 있다. 그러나 무리를 하는 것은 결코 오래 가지 못한다.

불균형이라는 것은 이 낭비와 무리가 불규칙적으로 혼재(混在)하는 상태를 말한다. 어제는 정신없이 바빴는데 오늘은 낮잠을 잘 수 있을 만큼 한가하다든가 할 때에는 일주일 또는 한 달 동안 평균하여 생각해 볼 때 절대로 효율이 좋다고는 할 수 없다.

낮에는 빈둥빈둥 놀다가 밤에 잔업을 하는 이 불균형한 일 중에서도 대표적인 예라 할 수 있다. 인간, 물건, 돈이 언제나 평균적으로 밸런스 있게 움직이는 상태에서 능률이 가장 잘 오르는 법이다.

일도 경영도 인생도 기나긴 길이다.

비바람이 몰아닥칠 것도 각오해야 하지만 가능하다면 정상적인 상태가 오래 계속되는 것이 바람직스럽다.

■ 그날의 일은 그날 끝내자

"기선(機先)을 잡으면 남을 제압할 수 있다"는 말이 있는데 한 발자국 남보다 먼저 행동을 취하면 그만큼 남보다 편해질 수가 있다. 아침 출근 러시아워 시간 때는 이만저만 혼잡하지 않아 약속 장소에 닿으면 지칠 대로 지쳐 하루의 정력 중 그 태반을 써 버린 상태가 된다.

그런데 남보다 30분 빨리 집을 나서면 의외로 도로는 비어 있다. 경우에 따라서는 그보다 더 일찍 도착하면 여유 있게 신문을 읽고 하루의 스케줄을 짤 수 있다. 그러므로 기선을 잡으면 남을 제압할 수 있다는 것은 "기선을 잡으면 편해진다"고 바꿔 말해도 좋다.

오늘의 일은 오늘 끝내야 한다.

오늘의 일을 오늘 하면 되고, 내일의 일을 오늘 할 것까지는 없다. 일에 있어서는 마무리, 절도, 구분을 뚜렷이 하지 않으면 안되고 그 날의 일을 그날에 하는 것이 마음에 여유도 있고 편한 법이다.

일을 척척 처리하는 요체는 간단한 일을 즉시 처리하는 데 있다. '나중에 생각하자', '나중에 하자' 라는 마음이 일을 지연시킨다.

편지에 대한 회답이나 전화처럼 간단한 것은 즉시 해치워야 한다. 또 하나는 동시처리(同時處理)이다. 누군가와 약속이 있어 만나러 가는 경우에는 겸사겸사 근처에 있는 지인과 관련된 일도 함께 해치우면 능률적이다.

어떠한 일로 누군가를 만나러 갈 때에는 그 일 이외의 안건(案件)을 미리 준비해가면 동시에 여러 개의 일을 함께 처리할 수 있어서 좋다.

착실히 일을 하는데도 일이 늦어지는 사람은 근본적으로 그 일을 하는 기술이나 창의, 연구하는 데 지혜가 모자라는 경우가 많다. 그러한 사람은 솔직하게 상사나 선배에게 자문을 구하고 그들의 의견을 듣는 것이 좋다.

- **고정관념의 벽을 무너뜨리면 새로운 아이디어가 샘솟는다**

　현대는 지적활동의 시대라고 할 수 있다. 물건의 생산은 어떠한 면에서는 어느 정도 한계에 달해 있다. 생산량이 높아지면서 환경 문제가 과속화 된다면 브레이크를 걸 필요가 있지 않을까.
　앞으로는 인간의 정신문화 개발의 비중이 훨씬 높아질 것을 전망하고 있다. 즉, 지적생산 활동 시대인 것이다. 인간의 창조성은 기업 활동의 경우뿐만 아니라, 사회 전체가 요구하고 있다.

창조력의 개발에 대해서는 여러 학자가 여러 원칙을 내세우고 있다. G·고오든 씨는 시네크틱스라는 창조력 개발법을 연구해 냈다. 시네크틱스란 간단히 말하면

① 이질적인 것을 익히는 것
② 이미 몸에 밴 것을 다르게 변화시키는 것

의 두 가지 원칙을 훈련하는 것을 말한다.

①은 아직 눈에 띄지 않은 것, 자기의 일상과는 상관이 없는 것 등, 자기와는 이질적인 것을 익혀서 내면에 받아들이는 것을 의미한다.

②는 그와 반대로 항상 자기 자신에게 배어 있는 것을 마치 생전 처음 보는 것처럼 습관화시키는 것을 의미한다. 즉 견해를 바꾸어 항상 몸에 배어 있는데도 미처 깨닫지 못한 면을 발견하도록 훈련하는 것을 말한다.

브레인스토밍법의 개발자 오스번 씨는 아이디어를 짜내기 위한 체크리스트를 만들었다. 이것은 9개 항목을 다시 70여개로 세분화해 만든 리스트다.

예를 들어 달리 이용할 길은 없는가, 바꾸면 어떨까, 확대하면 어떨까, 축소하면 어떨까, 대체해 버리면 어떨까, 조립시키면 어떨까, 등등의 각 항목을 다시 세부적인 질문으로 분리하고 있다.

아이디어의 개발법은 요컨대

① 신선한 눈으로 사물을 보고,

② 고정관념(固定觀念)에 사로잡히지 말아야 하며,
③ 자유로운 연상(聯想)을 하는 데에서 생겨난다.

그런데 아이디어를 짜낼 때에 거추장스러운 것은
① 과거의 지식이나 사고방식의 벽(壁)
② 사회통념(社會通念), 관습의 벽
③ 인간의 정서의 벽
등이다.

"이론적으로는 그럴는지 모르지만 현실적으로는 어려워",
"다른 회사에서는 해낼는지 모르지만 우리 회사에서는 안 돼", "애송이 주제에 그 따위 것은 생각하지 않아도 좋아", "그것은 판매하기가 어려울 터인데", "그렇게 한다면 변화가 너무나 커" 등은 솟아오르는 아이디어의 샘을 메말리는 원흉이다.

조직 속에 또는 개인의 마음속에 이러한 장벽이 있다면 아무리 창조력의 개발을 외쳐대더라도 공염불(空念佛)로 그칠 것이다.

■ 궁하면 통한다

이창호 스피치의 이창호 대한명인(연설학)은 전국에서 훌륭한 인재를 확보하려면 우선 훌륭한 빌딩과 회사를 차리지 않으면 안 된다고 생각하였다.

그런데 어느 날 신문기사 하나가 문득 눈에 들어왔다.

'또다시 북 알프스에서 학생이 조난…….'이라는 기사였다. 생각해 보니 젊은이들의 등산열풍은 대단했다. 하지만 해마다 몇 십 명의 사상자를 내는 안타까운 일이 발생했다. 가슴 아픈 일이다…라고 생각하는 동안에 어떤 아이디어가 번듯 떠올랐다.

'그렇다! 빌딩의 바깥벽을 안전하면서도 산과 조금도 다름이 없는 〈록 크라이밍〉의 연습장으로 만든다면?'이라는 아이디어였다. 이창호 대한명인은 연구에 연구를 거듭한 끝에 그것을 실행하여 좋은 강사를 확보하여 적정한 수익(收益)을 올릴 수 있었다.

'필요는 발명의 어머니'라는 말이 있는데 아이디어야말로 절실한 필요에서 우러나게 되는 법이다.

문제가 나타난다. 그것을 해결하지 않으면 도저히 안 될 때에는 필사적으로 생각한다. 생각하고 또 생각한다. 자나깨나 그 문제가 의식의 밑바닥에 달라붙을 정도가 되면 잠재의식이 발동되기 시작한다.

생각지도 않았는데 문득 아이디어가 떠오른다. 전혀 관계가 없는 것을 볼 때에도 '앗! 이것과 저것을 결부시키면'이라는 비약적인 발상(發想)이 번쩍거릴 때도 있다.

즉 아이디어의 창조에는

첫째, 우선 철저한 문제의식을 가질 것.

둘째, 부화기(孵化期)라고 하여 마치 어미 새가 알을 품듯 그 문제를 품을 것. 그러면 잠재의식까지 동원되어 아이디어가 번쩍거리게 되는 것이다.

"궁하면 통한다."라는 말대로, 통하게 하지 않으면 일신의 파멸이 닥쳐온다는 극한 상황이 되면 천재가 아니라도 반드시 창조력은 발휘할 수 있는 법이라고 생각한다.

다시 말하면 좋은 아이디어가 떠오르지 않는 것은 아직 필요성과 문제의식의 비중이 낮기 때문이다. 이런 문제의식을 가지려면 현재에 대하여 불만의 불꽃을 피워올리고서 '왜?', '어떻게 하면?', '무엇이?' 등등 모든 것에 대하여 의문을 품어야 한다.

이러한 의문이야말로 인류의 발전을 지탱시키는 인간의 가장 숭고한 욕구이며 향상심(向上心)의 발로다.

■ 물 흐르는 듯한 페이스를 유지하자

일이 즐겁고 재미있게 진행되어 갈 때에는 리듬을 타고 있는 것이다.

'나는 행운아인데'라고 할 때에는 인생이 리듬을 타고 좋은 컨디션으로 이어져 갈 때다.

걸을 때에도 마찬가지다. 리듬을 타고 있으면 지치지 않는다. 발쪽이 자꾸자꾸 앞으로 나아간다. 반대로 페이스가 흐트러지면 지쳐 버린다. 마라톤에서 낙오된 것은 자기의 페이스로 뛰지 않기 때문이다.

그리고 일이란 것은 리듬을 타면 스스로도 생각할 수 없을 정도로 진행 속도가 빠르게 된다. 실수도 적고 피로도 느끼지 않는다.

리듬을 타기 위해서는 첫째, 몸의 상태가 큰 작용을 한다.

위가 좀 이상하거나 수면 부족이거나 하면 리듬을 탈 까닭이 없다. 몸의 상태를 좋게 하기 위해서는 하루하루의 건강관리가 중요하다.

건강관리는 무슨 일을 하는 데도 첫째 가는 기본 조건이다.

마음에 걸리는 일이 있어도 리듬을 탈 수는 없다. 번민의 씨앗, 근심스러운 것 등이 있으면 아무래도 리듬이 흐트러지고 손끝이 어지러워지기 쉽다.

신경을 쓰는 것, 정신을 지치게 하는 것 등은 건강의 적이며 리듬의 적이다. 즉 리듬을 타기 위해서는 몸과 마음과 생활과 일 등을 따로 떼어서는 안 된다. 일은 일, 사생활은 사생활이라고 구분해서는 안 된다. 그것은 기분전환을 위해서 사용할 수 있는 말이기는 하지만 사생활이 어지러울 때, 일을 매끄럽게 한다는 것은 보통 사람으로서는 힘들기 때문이다.

세일즈맨이라면 세일즈맨다운 생활, 관리자라면 관리자다운 생활, 상인이라면 상인다운 생활이 있다. 각각 일의 추진법과 생활이 서로 융화되어 그 직업인다운 생활의 분위기가 조성된다.

리듬을 탄다는 것은 그 분위기를 지배한다는 말인 것이다.

리듬을 타고 일을 할 때에는 앞을 볼 수 있게 된다. 가는 길 앞에 희망이 있고 즐거움이 기다리고 있게 된다. 그리고 의욕이 솟는다. 그러니까 호기심도 왕성해진다. 무엇이든지 해 보자, 무엇이든지 도와주자라는 적극적인 자세를 취하면 리듬을 타기가 쉽다.

무슨 일이든지 할 수 있을 때 하고, 갈 수 있을 때에 간다는 적극적인 자세가 중요하다. 이렇게 스스로 자기 자신의 생활의 껍질을 깨 버리고 스타일을 만들어 내려고 노력하면 저절로 리듬이 생겨나고 호조가 되어 간다.

■ 일을 맡기고 싶은 신뢰가 가는 사람

'상대방이 나를 믿고 일을 맡기지 않는다'라는 불평을 말하는 사람이 많은데 그 앞에 자기가 하는 방법에 대하여 반성하는 사람은 아주 적다.

누군가 신뢰해 주지 않는 것은 대개의 경우 결과가 어떻게 되었는지 정확히 보고를 해주지 않기 때문이다.

무엇을 하고 있는가? 어떻게 되어 있는가? 결과를 알 수가 없으면 일을 부탁할 사람이 일을 맡길 수 없는 것은 당연한 일이다.

일을 맡겼다는 것은 결과를 보고하지 않아도 좋다는 것은 아니다. 오히려 맡겨진 일이야말로 정직하고 정확하게 보고하지 않으면 안 된다.

맡겨진 일에 대해 상대가 궁금한 것은 방법이 아닌 어떻게 했는가? 하는 결과다. 그러니까 우선 첫째, 결과를 간결하게 보고해야만 한다.

보고함에 있어서 중요한 일은 요점(要點)을 정확하게 말하는 것과 정직함이다. 이에 대해서는 다른 항에서도 말했지만 요점을 파악하기가 어려운 사람의 보고처럼 지루한 것은 없다.

보고할 때에는 다시 한 번 상대가 가장 알고 싶어 하는 것이 무엇인가를 잘 생각해야 한다. 요컨대 결과가 아주 잘 나타났을 때에는 극히 간단하게 보고하면 그것으로 충분하다. 문제는 오히려 결과가 잘 나타나지 않았을 때 도중 상황의 변화가 일어났을 때의 보고방법이다.

정직함이 요구되는 것도 이러한 경우다. "내일은 잘될 것이다" 등등 제멋대로의 예측을 한 보고를 하면 예측대로 안 되었을 때 실태(失態)를 범하게 된다.

그 때에 가서 고백해 보았자 이미 엎질러진 물이다. 일이 발생하기 전이라면 상대가 판단을 내려 수단을 강구할 수가 있는 일이 나중에는 손쓸 수 없는 경우가 되어 버리기 때문이다.

사람이란 자기의 공은 자랑하고 싶고, 자기의 실수는 숨기고 싶은 법이다. 그러니까 보고를 함에 있어서도 결과가 좋을 때에는 자세히 하지만 잘 되지 않았을 때에는 초점(焦點)을 흐려서 간단하게 언급하고 지나치기가 쉽다.

그러나 사회는 엄격하다. 잘못된 정보에 입각한 판단처럼 무서운 것은 없다. 그러므로 그러한 보고를 하면 신뢰할 수가 없어 일을 맡기지 않는 것은 지극히 당연한 것이다.

■ 체계적이고 간결한 메모 습관

　메모를 하는 습관은 무엇보다도 중요하다.
　필자는 재계에 있는 사람이나 예술 계통에서 일하는 사람들을 만나 이야기를 들을 때 감명 깊은 내용이나 재미있는 아이디어는 반드시 수첩에다 적어 놓는다. 뒤에 다시 읽어 보는 것만으로도 얼마나 큰 도움이 되는지 모른다.
　무엇인가를 지시할 때에 메모를 하지 않는 사람은 신용할 수가 없다. 지시사항을 전부 기억하고 있는지 어떤지 안심할 수 없다. 정확한 커뮤니케이션을 하려면 메모는 불가결한 것이다.
　메모를 하면 쓸데없이 기억해야 하는 노력을 없애준다. 쇼핑을 할 때도 메모를 하면 살 것을 잊어버리는 실수를 줄일 수 있다.
　메모는 계획을 마무리 짓는 데에 빼놓을 수가 없는 요소다. 필자는 근무 시간에는 물론 침실, 화장실에도 메모용지와 볼펜을 비치해 놓고 있다. 언제든지 생각해 낸 것, 반짝 떠오르는 아이디어를 써두는 것이다. 나중에 그것을 정리하여 계획을 세우면 매끄럽게 일을 처리할 수가 있다.
　메모는 또 사물을 분석하는 데에 있어서 빼놓을 수 없는 수단이다. 그 메모를 보기만 하여도 언제 무슨 일어났는지 모두 알 수 있고 어느 곳에서 결함이 발생했는가를 알 수가 있다. 사물을 분석하기 위해서는 가능한 한 세부사항까지 모조리 써

두어야 한다.

숫자 등은 특히 그렇다. 막연히 알고 있는 것이 아니라 숫자나 사실을 메모지에 분명하게 써놓을 때에는 새롭게 인식하게 되는 경우가 많다. 또 부분의 재구성(再構成)을 보면 새로운 전체상을 재인식할 수가 있다.

메모의 결정적인 효용은 메모가 아이디어 뱅크란 점에 있다.

정보 및 지혜 흡수에 있어서 중요한 것은 언제든지, 무엇이든지, 탐욕스럽게 흡수하려는 인풋의 안테나를 세워두어야 한다는 점이다. 그럴 마음만 있다면 정보는 어느 곳에서도 입수할 수가 있다. 사업을 하는 사람은 특히 손님의 의견이나 불평에 솔직하고 허심탄회하게 귀를 기울여야 한다.

■ 가장 큰 배움은 가르침 속에서 얻어진다

무슨 일이든 수년 간 하다보면 후배가 들어오게 된다.

자신도 가르침을 받아 성장했듯이 후배 부하를 가르치고 이끌어 주는 것은 당연한 일이다.

자신의 일을 찾는 것, 자기의 적성에 맞는 좋은 일을 얻는 것, 좋은 선배를 만나는 것, 이 세 가지는 일하는 사람의 세 가지 행복이라고 말한다. 그 중에서도 특히 좋은 선배를 만나는 것이 가장 중요하다.

젊을 때 직업상의 좋은 스승, 인생의 스승을 모실 수 있는 사람은 정말 행운아인 것이다. 뒤집어 보면 성장하는 사람은

부하나 후배를 지도하는 데에 있어서도 열심이 있다.

대성하는 사람은 남에 대한 교육도 잘한다. 왜냐하면 남을 지도하기 위해서는 자기 자신도 그만큼 성장하지 않으면 안 되기 때문이다.

인풋이 없이는 아웃풋도 없는 셈이다. 하루하루 지식, 기술을 흡수하여 지혜를 길러가지 않으면 안 된다.

"해 보이고, 말을 해 들려주고, 시켜보고, 칭찬해 주지 않으면 사람들은 움직이지 않는다"라는 명언이 있다.

부하와 함께 몇 번이나 사지(死地)를 헤매면서 생사고락을 함께 해 온 준엄한 인생항로에서 생겨난 체험적인 경험일 것이다.

장군이나 병졸이나 계급장을 떼면 똑같은 인간이다. 똑같은 것을 먹고 함께 땀투성이가 돼서 일하고 같은 차원에서 사물에 대하여 생각하고 행동하려는 각오가 남의 위에 앉은 사람에게는 우선적으로 필요하다.

　일을 가르칠 경우 무엇보다도 먼저 상대방에게 편한 마음을 갖게 한 뒤 작업에 대하여 설명해야 한다. 말을 해 들려주고 해보게 하고 써 보게 하여야 한다. 그리고 중요한 것은 분명하게, 빠진 구석이 없이 가르쳐야 한다. 이 일이 끝나면 다음에는 시켜본다. 잘못되면 고쳐주고 왜 잘못되었는가를 생각하게 한 뒤 가장 중요한 부분을 말해 보라고 한다.

　상대방이 완전히 이해할 때까지 이런 일을 몇 번이고 되풀이 시켜야 한다. 모든 것을 가르치고 난 뒤에는 스스로 알아서 하게 하여 자기 자신의 일에 책임과 권한을 갖도록 해준다.

　일이 막혔을 때 벽에 부딪쳤을 때에는 질문하거나 의논할 수 있는 사람을 지명해 준다. 그러나 하나에서 열까지 자세히 가르치는 것은 바람직한 일이 아니다. 교육이라는 것은 상대방으로 하여금 새싹을 트게 하여 그것을 길러 주는 것을 의미한다. 상대방의 창조성, 자발성이 뻗어나갈 수 있도록 도와주는 것을 의미한다.

　예전에 어떤 사장이 프로 기사(棋士)에게 바둑을 배웠다. 그런데 그 사장에게는 자세하고 정중하게 가르쳐 주었지만 자기의 제자인 소년에게는 그야말로 간단하게 겨우 한 마디밖에는 하지 않았다.

　사장이 소년을 불쌍하게 여겨서 프로 기사에게 왜 좀 더 자세하게 가르쳐 주지 않느냐고 물었더니 그 스승은 "그 애는 프로니까 힌트를 주기만 하면 뒤는 스스로 생각합니다"라고 대답했다 한다.

상세한 길 몫의 지도를 그려주는 것이 아니라 어떻게 생각하여야 하는가에 대한 그림을 그려주는 것이 인생을 뻗어나가게 하는 교육이다.

■ **부드러운 융통성을 발휘하면 일이 쉽다**

사무는 수단이지 목적이 아니다.

수단에 질질 끌려 다니면 조직은 성장하지 못한다.

본래 능률적으로 일을 처리하기 위하여 만든 것이 제도인데 잘 운영하지 못하면 일의 절차를 번잡하게만 할 뿐이다.

예를 들면 클립 하나 사는네 담당과장이 품의서를 쓰고 경리 등 담당 부장의 도장을 받으며 결재하는 따위는 넌센스가 아닐 수 없다.

이러한 것은 경영자나 관리자의 책임이지 평사원이 비난받을 성질의 문제는 아니지만 이러한 회사에서 오래 일하면 젊은 사람들이 묘하게 까다로운 서류광(書類狂)이 되기 쉽다. 무슨 일이건 서류로 작성하지 않으면 마음이 놓이지 않게 되며 또 서류 없이는 일을 치르려 하지 않게 된다. 이렇게 되면 사무량은 점점 더 많아지고 절차는 번잡해지기만 한다.

소위 문서에 의한 동맥경화다. 관료적인 조직과 절차가 정착해 버리면 사무는 정체되어 버리고 기동성은 잃게 되며 조직의 폐해만이 노출되어 버린다.

조직 내에서는 문서로 하는 사무가 참으로 많다. 그러므로 문서 작성의 기본을 체득해 두는 것은 중요한 일이다.

조직의 문서는 첫째로 사실의 기록이라는 점이다. 숫자나 도표는 사실을 재인식하기 위한 수단이다. 다음으로 두말할 것 없이 커뮤니케이션의 수단이 된다. 전하여야 될 사실, 의견이 명확하지 않으면 아무런 도움이 되지 못한다. 미사여구(美辭麗句)는 비즈니스 문서로서는 대개의 경우 필요 없다.

하나의 굵은 선으로 논지(論旨)가 명확하게 표현되는 것이 무엇보다도 중요한 일이다. 그러므로 누가 읽는가, 무엇 때문에 쓰는가 등, 독자와 쓰는 목적을 명확하게 생각한 뒤에 붓을 들어야 한다.

예를 들어 보고서라면 우선 결과를 선명하게 쓴 뒤 이어서 원인, 경과 등의 순서로 써 간다.

다른 항에서 말했듯 생략해야 할 것은 대담하게 생략하고 간결해야 한다는 점이 중요하다. 그와 동시에 타이밍을 놓친 보고서는 휴지조각과 마찬가지란 점도 인식해야 한다.

또 문서를 보관함에 두어서 필요할 때 꺼내볼 수 있도록 하는 것이 중요하다. 만약 어디에 가면 그 자료를 입수할 수 있는지를 알고 있을 때에는 서류를 쌓아두지 말고 폐기해 버리라. 서류의 골짜기에 파묻혀 있으면 머릿속까지 곰팡이가 피는 법이다.

■ 일은 표준화 단순화 전문화로

 보다 빨리, 보다 정확히, 보다 편하게, 보다 값싸게, 일을 하는 것이 바로 능률적이라는 것이다.
 일을 하는 방법, 절차 등을 이러한 관점에서 생각하여 계획적으로 하는 것을 합리적(合理的)이라고 한다.
 일을 합리적으로 추진시키는 원칙은 3S로 이 세 가지다.
 표준화(標準化 Standarization)
 단순화(單純化 Simplification)
 전문화(專門化 Specialization)
 작업을 몇 가지 요소로 분석해 본다.
 한 사람의 직공이 바늘을 만드는 데 있어 처음부터 끝까지 혼자 작업한다면 하루에 열 몇 개밖에는 만들 수가 없다. 그런데 그것을 열 개의 공정(工程)으로 분해하여 열 사람에게 분업을 시키면 하루에 수천 개의 바늘을 만들 수가 있다.
 현재 2만개 이상의 부분품으로 이뤄지는 자동차가 벨트 작업으로 1분간에 몇 대라는 스피드로 생산되는 것은 이 원리를 응용한 것이다.
 단순화시키면 작업이 간단하므로 일이 빨라진다. 그와 동시에 그 일만은 고도로 전문화 된다. 기술의 숙련은 일의 능률을 높이는 또 다른 요건이다.
 단순화되고 전문화된 일은 당연한 결과로 표준화된다. 어떤 동작으로 얼마만큼의 시간을 들이고 또 제품은 어떤 범위의 것이 합격인가의 표준을 정하게 되는 셈이다.

즉, 이 세 가지는 일을 하는 방법, 추진법의 레일을 깔아 주게 된다. 레일이 깔려 있으면 탈선했을 때 이내 알 수가 있다.

탈선하면 원래대로 돌아가도록 수정하지 않으면 안 된다. 가끔 탈선을 할 때에는 레일의 어디에 무리한 점이 있는지 모른다. 레일을 수정하거나 컨트롤하기 위해서도 레일은 필요하다.

3S는 산업계에 있어서의 모든 일의 관리원칙이며 대량생산방식은 이것에 입각하여 발전되어 왔다고 하여도 과언이 아니다. 그러나 3S는 개인이 자기가 일을 하는 방법이다. 수준을 생각하여 계획할 때에도 이용할 수 있는 원칙인 것이다.

단순화되고, 표준화되고, 전문화된 일은 단조롭고 바보스러운 것이라고 곧잘 말한다. 분명히 그러한 면이 있기는 하다. 그러나 이 3S를 스스로 생각하고 연구하여 개선하려는 자세로 일에 달려든다면 생각할 자료는 한없이 있을 것이다.

일이 하잘것없다는 불만을 품으면서 하고 있는 사람에게는 연구 개선이 있을 수가 없지만, 성공자들은 어떤 형태로든 간에 그러한 일 속에서도 자기 자신의 족적을 남기는 법이다.

■ 시행착오라는 모험에서 생겨나는 굳건한 신념

고교야구에서 평범한 타구(打球)를 유격수나 루수가 그대로 놓쳐 버리는 광경을 곧잘 볼 수 있다. 움츠리고 앉아 확실한 자세로 받기만 하면 그대로 뚫고 흘러갈 리가 없는 공을 오만스러워서 그런지, 공을 만만히 보아서 그런지 한 손으로 잡으려고 하다가는 놓쳐 버린다.

이것이 미스라는 것이다. 즉 일에 달려드는 자세와 직업적 동작이 확실히 되어 있으면 절대로 일어나지 않는데도 그것이 되어 있지 않으므로 미스는 나타나게 된다.

프로 선수들은 그러한 미스는 쉽게 범하지 않는다. 그것이 프로와 아마추어의 서로 다른 점이다.

어떠한 일에 있어서도 베테랑은 절대로 그러한 기본적인 미스를 범하지 않는다. 숙련(熟練)이라고 하는 것은 이러한 미스를 범하지 않는 것을 가리키는 말이다.

미스의 두 번째 원인은 심리적인 데에 있다. 아침 출근할 때에 부부 싸움을 했거나 전날 밤 밤을 새워 마작을 했거나, 감기 기운이 있어 머리가 쑤시거나 그 외에 신경 쓰이는 것이 있거나, 심신의 안정이 되자 않거나 할 때에는 주의가 산만해진다.

미스의 정도가 아니라 예기치 않은 큰 사고의 원인도 대개는 이러한 종류의 심리적 공백 상태에 있다. 인간이 하는 짓이므로 그럴 수도 있다고 한다면 그뿐이겠지만 그런 만큼 더욱 심신을 쾌조(快調)가 되도록 컨트롤해 두지 않으면 일을 하는 자세라고는 할 수 없는 법이다.

실패란 이러한 종류의 미스와는 다르다. 야구 선수가 공중으로 높이 공이 날아올라서 충분히 잡을 수 있다고 생각하여 기세 있게 뛰어가지만 원터치로 공을 놓치는 수가 있다.

이러한 종류의 실패는 몇 번인가 되풀이하는 동안 이윽고 몸이 기민하게 움직이게 되어 보통이라면 잡을 수 없는 공도 잡을 수 있게 된다.

실패는 모험에로의 도전이다.

'이렇게 하는 것이 낫지 않을까'라고 도전해 본다. 그러나 실패한다. 주위 사람들은 '지금까지 해오던 대로 하면 좋을 것'을 이라고 말한다.

그러나 어느 부분이 잘못되었는가를 반성하여 다시 도전해 보면 된다. 이렇게 하여 일에 대한 능력은 뻗어가는 법이다.

그러나 같은 실패를 몇 번이나 되풀이하는 것은 반성을 하지 않기 때문이다. 반성과 사고(思考)가 없는 곳에 성장이란 있을 수가 없다.

시행착오(試行錯誤)는 성공으로 가는 길의 필연적인 과정인 것이다. 그러므로 실패를 결코 두려워해서는 안 된다. 안 되면 하던 방법을 바꿔 본다. 사고방식도 바꿔 본다, 이렇게 하여 거머잡은 성공이 참다운 성공이다.

중요한 것은 실패에 주저앉지 않는 기백이다. 실패가 계속되면 '겁장이'적 심리상태로 쫓기게 된다. 그리고 자신감을 상실한다. 자신을 잃어버리면 절대로 성공할 수가 없다. 반드시 성공한다는 신념을 가지고 연구하여야 한다.

■ 남의 충고를 받아들이는 것은 사고예방 시스템이다

금융권에서 잇달아 불상사가 발생해 체면을 손상당하는 경우가 있다. 신용이 최우선시 되는 곳에서 실수가 발생하면 비난이 그만큼 큰 것은 당연하다. 사고가 발생한 이후에 무엇이 문제였는지 감사를 실시해도 이미 벌어진 사건은 돌이킬 수 없다.

인간은 신이 아니므로 반드시 실수를 한다. 그리고 때로는 왜 그런 실수를 범했는지 본인도 모르는 경우가 많다.

교통사고를 일으키고 싶은 인간은 어느 누구도 없을 터인데도 교통이 혼잡하고 소음이 난무하는 곳에는 필연적으로 사고가 늘어난다.

실수는 본인 자신이 되풀이 체크해도 깨닫지 못하는 경우가 많다. 그러니까 제3자의 눈으로 반드시 체크해 보는 일이 필요하다. 본인 자신만이 조사하는 것으로는 완전치 않기 때문이다. 그것은 본인이 공정하게 보지 못하기 때문인 것이다. 공정하고 정직하게 해도 일어날 수 있는 것이 실수이므로 더블체크를 할 필요가 있다.

그리고 일을 완전하게 하려고 생각하면 반드시 더블체크 시스템을 취해야만 한다. 또한 일하는 사람은 순순하고 겸허하게 받아들일 마음가짐이 필요하다.

이것은 '자기 자신의 일에 책임을 갖는다'라는 마음가짐과는 별도의 성질의 것이다.

'나의 일은 누구에게도 손대게 하고 싶지 않다'라고 고집하는 정신이 자기의 권한, 의식을 눈뜨게 하고 독선(獨善)을 낳게 만든다. 남의 평가를 순순히 받아들이지 않으면 성장이란 있을 수 없다.

소위 부정사건처럼 고의적인 실수도 일어날 수 있다. 사람은 신용할 수 있어도 그 사람의 행위는 신용할 수가 없는 법이다. 아무리 성실한 사람일지라도 언제, 어떠한 귀신이 들씌워 어떠한 큰일을 저지를지 모른다. 이것이 바로 사람의 마음속에 도사리고 있는 수수께끼이다.

이러한 것은 결과적으로 한 사람의 잘못으로 인해 조직 전체에 중대한 실수를 초래하는 우를 범할 수 있다. 이러한 실수를 미연에 방지하기 위해서는 2중·3중의 체크 시스템을 만드는 것 이외에는 방법이 없고, 개인적으로는 그것을 넓은 마음으로 받아들일 도량이 없으면 결국 자기 자신에게도 그 피해가 돌아오기 마련이다.

■ 유레카를 만들어 내는 결단의 힘

리더에게 가장 중요한 일은 창의적인 결단이다. 이러한 결단력이 없는 경영자는 경영자로서 실격이다. 그러나 가만히 생각해 보면 인생이란 선택하고, 결단하고, 실행하는 과정이라고 할 수 있다. 그러니까 굳이 경영자가 아니라도 결단력은 중요한 능력(能力)인 것이다. 특히 미래에 대성하려고 생각한 사람은 젊을 때부터 결단력을 배양해 두어야 한다.

명경영자라고 불리우는 사람들도 신은 아니므로 잘못을 범하는 경우가 많다.

야구 선수의 타율과 마찬가지로 3할 대이면 아주 성적이 좋은 편이다. 그들이 결정적인 실수를 범하지 않는 것은 자기의 결단이 잘못되었다고 생각한 순간, 기민하게 처리 방법을 강구했기 때문이다.

즉, 제일안(第一案)이 나쁠 때에는 제이안(第二案)을 내세운다는 등 미리 예비책을 준비해 놓고 있기 때문이다.

일은 모두 플랜에 입각하여 시작하는데 진행 과정에서 상황의 변화에 따라 진로를 수정하고 조정해 가도 된다. 그러니까 처음부터 백퍼센트 결과를 알 수 있는 결단 따위는 있을 수가 없다. 따라서 70퍼센트의 승산이 있다면 결단을 내려 착수하여야 한다.

우유부단하게 결단을 미루다가 결과가 나빠지는 경우가 많다. 결단은 빨리 내리는 때에는 타이밍을 잃지 않는다는 것과 빨리 행동으로 옮길 수 있다는 두 이점(利點)이 있다.

그러나 결단은 신중에 신중을 기하지 않으면 안 된다. 특히 인생의 문제 등에 대하여 결단을 내릴 때에는 지나칠 정도로 신중하지 않으면 안 된다.

그러기 위해서는 첫째, 그 일을 행함에 있어서 일어나리라고 예상되는 플러스 면과 마이너스 면을 전부 메모해 두어야 한다.

메모한 자료를 충분히 검토하면 공평하고 객관적이면서 창의적으로 판단을 내릴 수가 있게 된다. 각각의 항목의 중요도에 따라서 평점을 내어 점수 평가를 해 보는 것도 좋다.

두 가지 방책 중 어느 쪽을 택해야 하는 경우에는 특히 이러한 방법이 효과적이다.

둘째, 믿을 수 있는 선배나 친구나 동료와 의논해 보아야 한다. 한 사람의 판단은 곧잘 한쪽으로 치우치기가 쉽고 독단에 빠질 우려가 있다. 남과 신뢰하여 의논한 이상 그 사람의 말을 순수하고 겸허하게 받아들일 마음이 없으면 의논하는 의미가 상실되는 것은 두말 할 것도 없다.

■ 신선함이 주는 부드러운 감수성과 편안한 행복감

한 곳에 고여서 흐르지 않는 물은 썩는다. 인간도 마찬가지다. 정체해 버린 인간은 이윽고 썩어서 악취를 뿜어내게 된다. 남들도 달가워하지 않고 자기 자신도 즐거울 수가 없으며 사회를 위해서도 절대로 좋지 않다.

말하자면 오염된 대기와 물과 같은 존재가 된다. 매너리즘이라는 것은 이러한 정체된 상태를 가리킨다. 슬럼프 또한 일시적인 정체라 해도 좋다.

목욕탕에 들어갔을 때, 두 번 몸을 비누로 씻으라는 말이 있다. 피부의 표피(表皮)가 벗겨지고 새로운 피부가 생긴다는 것이다.

매너리즘에서 탈피하려면 낡은 껍질에서 벗겨져 나와 신선한 상황을 만들어 내야만 한다.

첫째로, 육체적으로 신선함을 느낄 수 있는 일부터 시작하면 좋다. 속옷을 깨끗한 것으로 갈아입는다. 샤워를 한다는 정도만으로도 상쾌한 기분이 될 것이다.

둘째로, 자기 자신의 주변에 있는 물건을 바꿔 본다. 집에서 항상 앉아서 사용하는 책상을 이용하여 책을 읽는다면 의자와 함께 사용하는 책상과 바꿔 본다.

언제나 조반을 한식으로 먹었다면 양식으로 바꿔 본다. 그리고 집 안의 가구배치를 바꿔보는 것도 좋다.

셋째로, 자신의 행동반경, 행동양식을 바꿔 본다. 동료와 함께 가서 불평불만을 털어놓고자 항상 가는 술집을 새로운 술집으로 바꿔 들어가서 한잔 해 보는 것도 좋은 방법이 될 것이다.

귀가 길에 통근 코스를 바꿔 보거나 좀처럼 들르지 않는 가도를 건들건들 걷는 것도 좋다. 늦잠꾸러기라면 용단을 내려 평상시보다 2시간 빨리 일어나서 산보하거나 독서를 하는 것도 좋다.

가장 관심이 높은 것을 바꿔 보는 것이 제일 좋다. 물론 일하는 방법도 바꿔 봐야 한다. 환경이 새로워지면 보는 견해가 달라진다. 다른 시점(視點)이 열린다. 새로움이 부드러운 사고 활동을 촉진시켜 준다. 딱딱한 것과 부드러운 것을 결합시키면 쇼크에 강해질 수가 있다. 신념, 신조는 굳게 갖고 사고력, 감수성은 부드럽게 가지면 쇼크에 강하다. 정신적인 안정성이 높아진다.

정신적인 안정성이 높은 사람은 슬럼프에 빠지지 않는다. 왜냐하면 그러한 사람은 항상 앞에서 말한 바와 같이 신선한 자극을 만들어 내어 변화를 느끼고 있기 때문이다.

그리고 그 속에서 자기 자신이 변화하는 표준 속도를 확인하고 있기 때문인 것이다. 바꾸어 말하면 슬럼프란 정체에서 오는 불안감과 초조감이다. 여기에서 탈출하는 길은 자기 자신을 포함한 모든 것을 변화시켜 보는 것 이외에 다른 길은 없다.

■ 길은 점프하여 뛰어 넘는 것이다

기나긴 인생 항로 중에는 반드시 몇 번인가 파란이 닥쳐오기 마련이다. 남의 눈에는 파란이라고 할 수 없어도 적어도 벽에는 부딪치게 된다. 이때는 어찌 해볼 도리가 없다.

나도 일을 시작하고 궤도에 오르기까지는 글자 그대로 필사적이었다. 겨우 궤도에 올랐다고 생각했더니 또 까다로운 문제들이 발생했다.

어떻게 해서든지 이 벽을 부수고 타고 넘지 않으면 안 된다라고 생각한 적이 여러 번 있었다. 벽에 부딪쳤을 때 어떻게 하여야 하는가?

세 가지의 유형이 있다. 하나는 장렬옥쇄형(壯烈玉碎型)이다. 부딪쳐 꺼져 버려라 라는 식으로 장렬하게 피를 흘리고 쓰러져 버리는 유형이다. 결단력이 있다고 생각할지 모르지만 쓰러져 버리면 죽도 밥도 되지 않는다.

또 하나의 유형은 어떻게 해서든지 옆으로 돌아가는 길을 찾아내려고 하는 유형이다. 돌아가는 길이 없다는 것을 알면 빙그르르 몸을 돌려 도망쳐 버린다. 상처는 입지 않을는지 모르지만 벽을 부수고 타고 넘을 수는 없다.

세 번째 길은 점프하여 뛰어넘는 것이다. 벽에서 도망쳐서는 안 된다. 그리고 극한 상황의 중대한 벽은 도망치려고 해도 도망칠 수 없어진다. 벽을 뛰어넘는 도리밖에는 길이 없는 법이다. 도저히 도망칠 수 없다. 뛰어넘는 길밖에는 없다는 각오를 하고서 위가 쑤실 때까지 생각하면 반드시 길은 열리게 된다. 그 때에 집념과 창조력이 발휘된다.

필자는 경영이 잘 이루어지지 않는 회사에서 의뢰를 받을 때, 언제나 '지금이 최악의 상태라고 말하는 동안은 최악의 상태가 아닙니다'라고 격려해 준다.

'이것이 막판이다'라고 생각하면 오히려 속이 편해진다. 더 이상은 나빠질 수가 없기 때문이다. 그러할 때 자기 자신에게 플러스가 되는 요인을 일일이 꼽아 보라. 깊은 밤 혼자서 괴로워하면서 손을 빤히 쳐다보라.

'그렇다, 이 튼튼한 손이 있지 않는가'라고 생각하라.

건강한 몸, 능력, 애정이 가득한 부인, 모두가 자기 자신에게 플러스 요인이 아닌가, 자신의 성격의 장점, 능력의 장점을 총점검하라.

일에 있어서의 벽도 마찬가지다. 극한 상황까지 몰리게 되었을 때, '무슨 일이 있든지 성공시키지 않으면' 안 된다는 집념을 품는다면 '궁하면 통한다'는 식으로 반드시 좋은 지혜가 떠오른다. 지혜가 우러나지 않는 것은 집념이 모자라기 때문이다.

벽은 피해서는 안 된다. 비약하여 뛰어넘지 않으면 진보도 성장도 있을 수 없다.

 MEMO

| 제 4 장 |

성공으로 가는 길

4 성공으로 가는 길

한 마리의 개미가 한 알의 보리를 물고 담벼락을 오르다가 예순아홉 번을 떨어지더니, 일흔 번째에 목적을 달하는 것을 보고 용기를 회복하여, 드디어 적과 싸워 이긴 옛날의 영웅의 이야기가 있는데, 이것은 천고에 걸쳐서 변치 않는 성공의 비결이다.

〈스코트〉

■ 인간이 배울 수 있는 수단은 세 가지밖에 없다

현시대는 '고도선택사회'라고 일컬어지고 있다.

불과 얼마 전 시대까지의 물질적 풍요함에 대한 추구는 획일적, 규격화, 대량 상품의 대량 소비사회를 만들어 냈다. 그러나 획일적, 규격적, 물질의 풍요로움에 둘러싸인 사람들은 그것들에 싫증이 나 개성화를 추구하게 되었다.

한편, 교육 수준이 높아지고, 지적 수준이 높아진 사람들은 사회의 다양화, 복잡화에 따라 가치관도 다양해졌다. 보다 자유롭게, 보다 개성적인 생활 방식을 추구하게 되었다.

멀티채널이란 수많은 선택의 자유가 주어진 사회를 가리키는 말이다. 텔레비전 채널을 자기 취향에 맞게 돌리듯, 같은 스테레오라도 많은 상품 속에서 자기의 취미에 맞는 것을 고를 수 있는 사회라는 의미다. 그러므로 현대인들은 이 선택안(選擇

眼)을 보다 날카롭고 보다 높게 하지 않으면 안 된다.

그러나 인생이란 어느 시대이건 어떠한 길을 걸었는가, 누구를 선택했는가가 결정적으로 그 사람의 운명을 결정지어왔다고 할 수 있다. 다른 항에서 말했듯이 학교, 취직, 결혼은 인생의 가장 중차대한 문제로 선택을 잘해야 한다. 이 선택을 거친 사람들은 그것을 만회하기 위하여 남의 두 곱, 세 곱의 시간과 힘을 기르지 않으면 안 된다.

현대사회는 이 선택이 자유롭고, 폭이 넓어 얼핏 보기에 쉽게 여겨질 수 있으나 오히려 더 신중하고 날카롭게 선택하지 않으면 안 된다.

현대사회의 넘쳐흐르는 정보 홍수 속에서 어떠한 정보를 선택하여 흡수하는가, 수많은 회사 가운데 어떠한 회사를 택하여 어떠한 직업 코스를 취하는가, 누구와 결혼하고 누구를 스승으로 삼을까 하는 모든 것들이 당신의 인생에 결정적인 영향을 미친다는 사실을 다시 한 번 깊이 생각해 보지 않으면 안 된다.

인생이란 길을 가는 동안에는 다른 길을 갈 수 없는 법이다. 이 선택안을 높이기 위해서는 특히 중대한 선택으로 누구를 스승으로 삼을 것인가, 누구를 벗으로 삼을 것인가 하는 것이 중요하다.

인간이 배울 수 있는 수단은 이 세 가지밖에는 없다. 자기의 눈으로 보는 것, 읽는 것, 남에게 듣는 것이다. 이 가운데서 특히 중요한 것은 듣는 것, 즉 자기와 접촉하는 사람들에 대한 선택인 것이다. 그러나 결과적으로 이 선택안을 높이는 것은 자기 자신을 높이는 것이다. 지성을 높이고, 경험을 쌓고, 시야를 넓혀 감수성을 닦는 것 이외에 다른 길은 없다.

■ 직장을 옮겨야 할 때

취직을 준비하는 사람이 곧잘 취직 의논을 하러 나를 찾아온다.

"○○회사에 취직하고 싶은데 추천장을……." 하는 따위의 부탁을 해 온다. 그럴 때, 왜 그 회사를 선택했느냐고 물어 보면 별 이유가 없을 때가 많다.

선배가 그 회사에 있어서 권유했기 때문이라든가, 근무 조건이 좋기 때문이라는 등의 이유가 대부분이다.

첫 직장은 누구라도 대체적으로 이런 이유로 선택했을 것이다. 그래도 좋다. 근무하는 동안 점점 적성(適性)이라든가, 사내(社內)의 기풍을 알게 된다. 의문이 생기고 골칫거리 문제가 나타나면 깊이 생각하여 아무래도 좋지 않다고 여겨질 때는 대담하게 전직해 버리면 된다.

물질면, 일, 정신면의 이 세 가지를 밸런스 있게 분배하는 회사에는 인재가 모여들 뿐 아니라 정착률이 높다.

일이라는 것은 보람 있는 일을 주어 개성을 살릴 수 있는 찬스를 주는 것을 말한다. 정신면이라는 것은 자기의 일과 회사에 대하여 자부심을 가질 수가 있고 만족감을 가질 수 있게 해 주는 것을 말한다.

이 두 가지와 급여, 기타의 경제적 조건이 적당히 밸런스가 이루어져야 비로소 일하는 사람은 안심하고 정착(定着)하는 법이다.

일하는 사람 편에서 볼 때에는 이것은 급여 외에 매력 있는 업종, 매력 있는 일, 매력 있는 경영자의 가치 조건에 합치되는지도 중요하다. 특히 세 번째의 경영자의 매력은 중대한 문제다.

거대한 기업에서는 사업부장이나 혹은 부장, 과장 등의 개성이 영향을 크게 미친다. 인생에 있어서 좋은 스승을 만난다는 것은 무엇보다도 중요한 재산이 된다. 그러므로 경영 간부와 기업 환경이 자기를 키워줄 풍토가 아니라고 생각되면 미련 없이 전직하는 편이 낫다. 그러나 세 번씩 직장을 바꿔 보아도 적응을 못하는 사람은 독립할 길을 지향(志向)하는 편이 나을 것이다.

왜냐하면 세 번 바꿔도 안 되는 사람은 그 사람 안에 조직에 적응하지 못하는 이유가 있는 경우가 많기 때문이다.

그러나 전직(轉職)을 결심할 때,

'왜 그런지 공연히 불만스럽다.'

'경영간부와 의견, 사고방식이 맞지 않는다.'

'많은 사람과 인간관계가 잘 이루어지지 않는다.'

'급여가 많은 곳에서 권유를 받았으므로.' 라는 이유라면 퇴사를 하지 않는 편이 좋다.

그러나 30대 이후의 천직(天職)을 발견하기 위한 과정으로서의 전직이라면 대환영이다. 그렇지 않다면 언제까지나 직업적 미성숙자의 영역을 벗어날 수가 없다.

■ 20대는 천직을 찾기 위한 시기

필자는 천직(天職)이라는 말을 좋아한다. 천직이라는 것은 남에게 강요를 당하거나 달리 선택할 길이 없기 때문에 얻은 직업이 아니다. 마치 천운으로 결정된 것처럼 이것이야말로 나의 능력을 한껏 살려 주고 사회에 공헌할 수 있는 자타가 모두 인정하는 직업인 것이다.

필자의 회사의 모토는 "자랑스럽게 내세울 수 있는 일을 통하여 사회에 봉사하여 물심양면으로 풍요한 생활을 우리들의 한없는 창의력과 노력으로 쌓아 올리자."라는 것이다.

'이것이 천직이다'라는 긍지와 자각을 가지고 활동하자는 것이다.

이러한 긍지와 자각이 있으면 반드시 직, 간접적으로 사회에 도움을 주며 공헌을 하게 되기 때문이다. 바꿔 말하면 사회에 도움이 된다는 자각과 긍지가 있기 때문에 바로 그 일을 천직으로 볼 수가 있는 셈이다.

말은 쉽지만 현실적으로는 무척 어려운 것이 이 문제다. 이 천직을 발견하지 못하기 때문에 번민하고, 모색하게 되고 망설이게 되는 것이다.

인생이란 해후(邂逅)다. 자기 자신의 충실함을 의식하는 마음이 그러한 해후를 효과 있게 성장시켜주고 발전시켜 준다.

20대 때에는 앞의 장에서 말했듯이 무엇이든지 해볼 것, 어떠한 일이든지 얕보지 말고 달려들어 볼 것 – 이러한 과정 속에서 자기 자신을 재발견하여 확인해야 한다. 그러면 속도가 느리기는 하지만 그러나 확고한 그 무엇이 마음속에 싹트게 된다. 20대 때에는 그것을 소중히 기르는 말하자면 토양조성(土壤造成)의 시기다.

■ 20대는 모색, 30대는 힘, 40대는 지혜, 50대는 안정

이 말은 서양 속담이 표현한 하나의 이상적인 인생항로다.

"나이 20에는 뜻을 세워라"라는 것은 공자(孔子)님의 말인

데 앞의 항에서 말했듯이 20대는 모색하는 시기다. 여러 가지 일을 해보며 생각하는 동안, 20대의 후반에서 30대의 초반에 걸쳐 대부분 자기 자신의 인생 항로의 도식(圖式)을 그려 낼 수가 있을 것이다.

'좋아, 이 일을 평생의 업으로 삼고 해 보자'라는 결심을 할 수 있다.

30대의 초반에는 자신의 특성과 능력을 안다면 곧 바로 매진할 따름이다. 30대 때에는 건강에 자신이 있는 법이다. 일도 어지간히 손에 익어 버린 시기로 말하자면 기름기가 오른 한창 때인 것이다.

일도 재미있고 인생의 모든 일에 대한 흥미도 왕성하다. 건강과 스테미너에도 자신이 있다. 일이 순조롭게 진행되는 것은 좋지만 왕왕 술과 여자로 인해 탈선하여 돌이킬 수 없는 실패를 것도 30대의 후반인 것이다.

경영에 있어서도 마찬가지다. 순조롭게 나가고 있을 때에는 약점에 주의를 기울여야 한다. 무엇에 걸리면 그 걸리는 것이 무엇인가를 냉정하게 관찰해 두어야 한다. 말하자면 경영은 인생과 아주 흡사하다.

그래서 종종 인생의 원리 원칙을 경영에 응용하고, 경영의 원리 원칙을 나에게 적용시켜 본다. 그러면 새삼스럽게 배우는 바가 많다.

40대 때에는 일을 완성시켜 가는 시기다. 체력적으로는 이미 20대, 30대의 젊음은 없지만 대신 가치 판단력이 한층 더 넓고 깊어지는 시기이다.

앞으로 남은 생애에 있어서 무슨 일에 달려들고 무슨 일에는 손을 대지 말아야 할 것인가 저절로 길이 뚜렷이 보인다. 이렇듯 뚜렷한 길을 정성들여 가꿔가고 만들어 가는 시기인 것이다.

이러한 인생항로를 걷는다면 50대 때의 생활은 저절로 안정되리라.

이와 같은 이상적인 스케줄이 실현되는지 안 되는지는 20대, 30대의 생활 방법에 달려 있다고 생각해도 좋다.

특히 30대의 기간이 평생을 결정하는 열쇠가 된다. "인생은 선택이다"라고 했는데, 일찍 선택하여 일찍 기초 공사를 한 뒤 일찍 건축을 시작하는 사람이 결국 뒤에 안정된 생활을 할 수 있게 되는 셈이다. 통계적으로 보더라도 사업의 창립자로서 성공한 사람은 30대가 압도적으로 많다. 40대에 뜻을 세워 성공한 사람도 있지만 그러한 사람은 무척이나 장수한 사람이다.

20대 때에는 대개 인생 경험이 부족하다. 30대 때에는 정신적으로도 육체적으로도 가정적으로도 힘을 발휘할 수 있는 시기이다.

■ **나에게 일은 도락(道樂)과 비슷한 것이다**

필자는 일하기를 좋아한다. 새벽 일찍 집을 나와서 연구소로 갔다가 낮에는 강연을 하고 사람들과 만남을 갖는다. 그리고 또 만날 사람의 얼굴을 상상한다. 그에게서 또 새로운 이야기를 들을 기대감에 즐거움이 솟아난다. 만날 사람과 새로운 일에 대하여 어떤 의논을 할까를 생각한다. 그 일이 어떻게 발전하여 어떠한 성과를 나타낼 것인가를 생각할 때에는 기대에 찬 가슴이 부푼다.

새로운 투지가 솟아난다.

나에게 일은 도락(道樂)과 비슷한 것이다.

노는 것이 일이고, 일이 노는 것이라고 한다면 지나치게 들릴지 모르지만 그것을 실감하고 있다.

삶에 있어서 노는 것이 70%, 일하는 것이 30% 정도를 차지하고 있다고나 할까.

인생을 살아가기 위해서는 직업이란 반드시 필요하다. 그러나 먹기 위하여 일하는 것이라면 괴로울 게 틀림없다.

자기 자신도 즐거움을 느끼고 보람을 느끼면서 사회에도 공헌을 할 수 있는 일이라면, 그것이 바로 이상적인 일이라 생각한다.

아무리 사회를 위하는 일이라고 해봤자 거름을 주무르는 따위의 일은 누구든지 즐기면서 하고 싶지는 않는 법이다. 과학 기술의 진보가 그러한 일을 기계에게 맡겨 사람들의 손에서 멀어지고 있다.

직업은, 첫째로 생존의 욕구를 충족시키기 위하여, 둘째로 사회적인 책임을 다하고 싶은 욕구를 위하여, 셋째로 자기 확대의 욕구를 충족시켜 왔는데, 물질이 풍부한 사회가 된 오늘날에는 이 순서가 완전히 바뀌어 버렸다.

대조직의 톱니바퀴 속에서 일하는 것보다는 일은 어렵더라도, 그리고 월급은 적더라도, 보람이 있는 일에 뛰어 들고 싶어 비전이 있는 중소기업이나 독립의 길을 지향하는 젊은이가 늘어나고 있다.

노는 것이 80%, 일이 20% 정도가 된다면 그것은 이상적인 직업인이 되는 것이다. 일하면서 노는 것과 똑같은 정도의 즐거움을 발견하고, 또 놀고 있을 때에도 힐끗 일이 머릿속에 번뜩이는 그러한 경지에 올라야 한다.

24시간 내내 일과 사생활이 혼연일체가 되어 그것이 조금도 고생스럽지 않은 그러한 생활이어야 한다. 어떤 사람은, "작가와 예술가가 참 부럽다. 자기가 좋아하는 일을 하면서 그것이 돈이 되니까."라고 한다. 어떤 사람은, "하루 24시간 내내 생각을 한다면 바에서 술을 마셔도 조금도 즐겁지 않으리라."라고 걱정해 준다. 요컨대 그 사람의 생각 나름인 것이다. 즉 좋아하는 일이니까, 그것이 바로 그 사람의 인생이라고 할 수 있다.

그리고 작가나 예술가뿐만 아니라, 어떠한 직업이라도 그와 같은 심정은 품을 수가 있는 법이다. 단지 그러한 심경을 개척할 때까지는 일 80%에 노는 것 20%의 과정을 통과하지 않으면 안 된다.

■ 인생은 일장의 드라마다

인생이란 생각대로 되지 않는 법이다. 한치 앞도 알 수 없다고 해도 과언이 아니다. 나 자신의 경험을 말한다면 본격적으로 강사의 길로 들어서기 전, 선견지명을 발휘하여 일을 시작했지만 잘 되지 않아, 수많은 경험과 다양한 일들을 접하게 되었다.

비록 시행착오를 통한 시련이 있었지만 결과적으로 볼 때에는 인생에 큰 자양분을 얻을 수 있었다고 자부한다. 또 어려울 때마다 해후가 있게 되어 나를 새로운 국면으로 이끌어 주었다.

인생은 일장의 드라마다. 그 드라마는 자기 자신이 쓰고 자기 자신이 연출하는 것이다.

뜻대로 되지 않는 운명을 뜻대로 가공해 가는 것은 자기 자신이다. 주역(主役)은 항상 자신에게 있다는 것을 깨닫는다면 그 운명을 바로 볼 수 있는 각오를 할 수가 있다.

산다는 것은 현재를 산다는 것에 지나지 않는다. 현재를 충실히 산다는 것이 그 때 주어진 역할에 몰두한다는 것을 의미한다. 사회 초년생일 때에는 그 나름대로 어느 정도 경험이 쌓였을 때, 또한 전문가가 되었을 때 마음껏 자기의 역할을 살린 인생이 바로 충실한 인생, 후회 없는 인생이리라.

인생은 가지각색이다. 사상가, 작가, 경영자 등 도달하고 싶은 목표는 여러 개일 것이다. 목표는 그 사람의 가치관에 의하여 결정된다. 어느 길은 좋고 어느 길이 나쁘다는 생각은 있을 수 없다. 자기 자신도 만족하고 사회에도 플러스가 되는 것이라면 모두가 천직(天職)이다.

요컨대 가치 있는 인생은 얼마나 충실한 현재를 보냈는가에 달려 있다. 그 충실함은 결국, 현재를 부정하면서 억지로 살아가는 것이 아니라 현재를 소중하게 여기고 자신이 주역(主役)임을 자각하여 연출했는가로 결정된다.

■ 무엇이 정열에 불을 피우는가

사업을 해 본 일이 없는 사람은 사업가란 돈벌이만을 노리는 욕심 많은 인간처럼 생각하기가 쉬운 데 당치 않는 말이다.

돈벌이를 노리는 것은 투자가(投資家)지 사업가가 아니다.

어떠한 사업이든 그 사업을 파고드는 정열을 가지고 있지 않으면 성공할 수 없는 법이다.

필자는 각 기관에서 면접관으로 있을 때 면접을 보러온 이들에게,

"왜 이 일을 하고 싶나?"라는 동기를 가장 자세히 물어본다. 동기란 일의 엔진이 되는 근본적인 것이라고 생각되기 때문이다. 일의 동기를 부여하는 계기는 사람에 따라 제각각 다르다. 무엇이 계기가 되어 일에 대한 정열이 불타오르게 되었는지 알 수는 없는 일이다.

어머니가 캄캄한 부엌에서 통대나무를 물고 아궁이 속의 불씨를 불어대고 있는 것을 보고 어머니를 위해서, 그리고 세상의 모든 여성들에게 어떻게든지 편리하게 일을 할 수 있는 부엌을 만들어 드리고 싶다는 동기에서 부엌의 합리화 상품 개발에 힘을 기울여 사업가가 된 사람도 있다.

와코르의 사장은 일하는 여성을 보면서 이 여성들을 아름답게 가꿔주는 일을 하자는 마음을 먹고는 여성의 속옷을 만드는 사업에 착수했다 한다.

사업의 출발점이 되는 동기는 어이없는 일이 계기가 되는 경우도 많다. 어떤 제약회사의 사장은 젊고 가난한 약품 연구생 시절에 열렬한 사랑을 했는데 라이벌에게 애인을 뺏겼다. 그때 그녀의 남편보다 훌륭한 인간이 되어 복수를 해 주자는 것이 그가 분발하여 일어난 직접적인 동기였다고 한다.

보는 것, 듣는 것을 어떻게 받아들이는가는 그 사람의 감수성에 달려 있다. 그것이 어떠한 것이든, 하지만 마음의 엔진에

불을 붙이는 일이 중요하다고 할 수 있다. 엔진에 불이 붙어 일에 몰두하고 있는 동안에 점점 성장하여 사고방식이 넓어진다.

'이것은 내가 하지 않으면 안 될 일이다'라고 강한 자극을 받게 된다.

이런 생각을 한다는 것은 이미 돈이 문제가 아니라 일이나 사업에 미치게 만들 정도의 결정적 동기가 있음으로써 온 정신을 기울여 매진할 수가 있는 법이다.

그런데 성인이라고 불리우는 공자도 '30세에 자립했다'라고 말하고 있을 정도여서 20대 때에는 직업 선택이든, 인생의 방향 결정이든 자주적(自主的)으로 결정하는 사람은 아주 적다.

요즘 젊은이들 대다수는 학교의 선생이나 친구가 권유하여 현재의 직업을 선택했다고 한다. 그러니까 우선 20대 때에는 노력을 해 보라. 그 시행착오나 모색의 과정에서 되도록 빨리 자기가 정말로 정열을 불태울 수 있는 것을 발견해야 한다.

■ 열정과 이상형과 믿음

'일을 대하는 나의 자세'의 장(章)에서도 말했지만 이 세 가지는 인생을 살아가는데 있어서 없어서는 안 될 엔진이며, 연료이며 윤활유이다.

인생에는 변하는 목표와 변하지 않는 목표가 있다. '이러이러한 일을 하고 싶다.', '이러이러한 목적을 달성하고 싶다'

는 것과 같은 목표는 변하는 목표다. 그러니까 한 발자국 전진하게 되고 능력이 더해지고 일이 커진다.

그러나 '나는 이렇게 살고 싶다.', '이런 식의 삶을 살고 싶다' 는 것은 변하지 않는 목표다. 이러한 변함없는 목표를 가진 사람은 다른 사람으로부터 신뢰를 받는다.

"사람은 변하는 것이다"라고 말할 때의 '사람'이란 능력의 성장의 모태(母胎)를 가리키는 것이다.

이상(理想)으로 삼는 내용은 나이에 따라, 세월에 따라 변해도 그것을 지탱하는 정열과 신념은 일관하여 변하지 않는 것이 내가 그리는 인간의 이상형이다. 그러나 이 세 가지는 표리일체(表裏一體)가 되어 비로소 커다란 힘이 된다.

이상을 실현시키려고 하기 때문에 정열이 솟아난다. 어려운 벽이 앞을 가로막아도 신념이 그것을 뛰어 넘게 해 준다. 스스로가 연소(燃燒)하여 계속 불타오르면 주위의 사람도 그 불꽃 속에 자연이 휘말려 든다. 자기 스스로가 불길을 일으키지 않으면 절대로 남의 마음에 불을 붙일 수가 없는 법이다.

자금변통으로 궁지에 몰렸던 어떤 사장은 상식적으로 도저히 빌릴 수 없는 은행을 찾아가 담당자를 드디어 설득시켰다. 그의 신념과 정열이 반드시 회사를 재건시키리라고 은행가로 하여금 믿게 만들었기 때문이다. 신념과 정열은 곤란을 뛰어넘고 길을 열기 위한 최대의 무기이다. 도저히 뛰어넘을 수 없는 곤란이라고 생각했을 때 패배가 온다. 정열은 또 젊음을 유지하는 비결이기도 하다. 노인과 같은 사람이라는 말을 들을 때에는 정열을 잃어버렸을 때다.

정열이 있으면 적극적인 행동을 취하게 된다. 겁을 먹지 않는다. 안으로 기어드는 것 같은 생각 따위는 떨쳐 버린다. 기민하고 싱싱한 행동이 취해지게 된다.

곤란을 뛰어넘기 위해서는 모든 가능성을 열어 두고 약간이라도 희망의 빛이 보이면 그것을 향하여 돌격하지 않으면 안 된다. 그것은 모험이며 미지(未知)의 세계에 대한 도전이다. 정열과 신념은 젊음의 상징이다.

■ 깊은 의식 속에 강렬하게 새겨지도록

"호랑이가 뒤쫓아 오면 열 길도 뛸 수 있다"라는 말이 있다.
"정신을 한 곳에 모으면 바위도 뚫는다"라는 말도 있다.

인간의 마음속에는 불가사의(不可思議)의 마력이 있다. 인간의 눈 뜬 의식의 안자락 깊숙이 숨은 마음을 무의식(無意識) 또는 잠재의식을 밝혀 그 방면에서 심리학 이론을 이룩한 사람은 프로이드이다. 그러나 실제적으로 최면술처럼 '잠재의식'을 활용하는 방법은 이미 옛날부터 있었다.

심리학자가 말한 바에 의하면 의식과 잠재의식의 관계는 기수(騎手)와 말(馬)의 관계라고 한다. 눈뜬, 즉 이성(理性)이 회전하는 의식이 기사이며, 잠재의식은 말과 같은 것이다. 즉 눈 뜬 의식으로써 상당히 부분적인 조종을 할 수가 있다고 말할 수 있는 셈이다. 대뇌생리학적(大腦生理學的)으로 말한다면 의식은 전두엽(前頭葉)이라는 뇌의 새로운 피질(皮質)의 활동에 의한 것인데 잠재의식은 본능이나 생리적 욕구 등이 도사리고 있는 낡은 피질의 활동에 의하는 것이다.

다시 말하면 낡은 피질에까지 자극이 미치게 되면 본능적 욕구와 똑같이 그 욕구가 굳건히 활동하게 된다. 그러므로 신념(信念)이라는 것은, 잠재의식 속에 심음으로써 비로소 신념이라고 말하기에 부끄럽지 않을 만큼 굳건하게 되는 셈이다.

필자는 달성하려는 목표를 종이에 써서 침실의 벽이나 책상 위에 붙여 놓는다. 항상 보고 있으면 그것이 의식뿐만 아니라 잠재의식에까지 새겨진다.

발명가가 곧잘 아이디어가 꿈속에서 번뜩이었다든가, 목욕탕에 들어가서 몸을 풀고 있을 때, 그야말로 우연히 번쩍였다든가, 하는 따위는 모두가 잠재의식의 활동 결과이다.

필사는 원고 청탁이나 강연을 의뢰받을 때에도 테마를 종이에 써서 늘 눈에 띄는 곳에 붙여둔다.

'아아, 저 문제에 대해 생각을 하지 않으면 안 되겠구나.'

하고 볼 때마다 생각하기 위해서다. 그러면 잠재의식이 활동하기 시작하여 재료를 모아 준다. 의식상으로는 떠오르지 않는 오래 된 기억이 불쑥 되살아난다.

'그렇군, 그 예화를 인용하자'라는 식으로 그 때 그때 재료의 정리를 할 수가 있다(물론 의식적으로 재료를 모으기도 한다).

그리고 막상 책상에 앉아 원고를 쓰기 시작하면 자연히 아이디어가 번뜩이고 재료가 부족하지 않게 되는 셈이다.

잠재의식은 신념, 실행력, 창조력을 발휘하는 데 있어서 절대 불가결한 것이다. 그것은 인간이 지니고 있는 가장 위대하고도 강력한 힘이다. 만일 믿어지지 않으면 자기의 목표나, 꼭 실현시키고 싶은 일을 종이에 써서 아침저녁으로 염불하듯이 외워 보라. 반드시 실현할 수 있는 마력이 나타나게 될 것이다.

■ 때를 기다려라

일을 하고 있노라면, '때가 도와준다' 라는 말이 사실임을 느낄 수 있는 경우가 많다. 타이밍이 중요한 것은 두말할 것 없지만 모처럼 계약을 체결했는데, 시기가 너무 일러 오히려 파급효과가 떨어지는 경우도 있다. 이는 때가 참으로 중요하다는 것을 가르쳐 주는 것을 알 수 있다.

운이 좋다고 말할 경우, 대부분은 시기를 자기편으로 삼았기

때문이다. 타이밍이 적절히 들어맞으면 하는 일 하나하나가 순풍에 돛을 단 듯이 잘 흘러간다. 경영에 있어서도 그렇고 개인의 경우에 있어서도 역시 그렇다.

"화(禍)와 복(福)은 서로 엇꼬인 지푸라기와 같다."
"인간만사 새옹지마(人間萬事 塞翁之馬)"
등의 운명에 관계된 격언은 많다.

행복의 절정에 있을 때에 오만하기 쉬워짐을 경계하고 불행의 밑바닥에 떨어져 있을 때에는 희망의 불꽃을 끄지 않도록 가르치는 격언들이다.

'나는 운이 나쁘다'라고 생각하면 조급해진다. 아직 시기가 무르익지 않았는데도 일을 무리하게 해내려고 하면 실패하게 된다. 조급함이 실패를 부르게 되는 것이다.

나에게는 운이 돌아오지 않는다고 생각하는 사람은 형통한 사람들이 부러워진다. 그러면 스스로 비꼬이게 되고 비꼬이면 인간을 야비하고 비천하게 만들 뿐이다. 비꼬임, 질투 등의 열등감에서는 플러스가 될 요인(要因) 따위는 생겨나지 않는다. 저미(低迷)한 상태에 있을 때, 싹이 돋지 않을 때에도, 이 시기는 이윽고 싹을 돋게 하기 위한 겨울철이다라고 생각해야만 한다. 과일이 익으려면 하늘의 섭리에 따른 시기가 필요한 법이다.

"때를 기다리자"라는 마음이 여유를 만들어 준다. 이런 마음을 먹으면 절대로 조급하게 굴게 되지 않는다.

젊을 때에는 모든 일에 있어서 성급하게 결과를 얻고 싶어 한다. 손해인가, 이득인가, 당장에 알고 싶다는 마음이 우러나게 된다. 그러나 인생을 긴 안목으로 볼 때에는 무엇이 손해이고 이득인지 쉽사리 알 수 없는 일들도 많은 법이다.

"당장은 손해를 보는 사나이가 되어라"라는 말은 일에 있어서도 또 인생에 있어서도 자기 발견을 위한 중요한 사고방식이라고 생각한다. 눈앞의 이익, 목전의 행복만을 추구한다면 절대로 종국적(終局的)인 커다란 이익, 커다란 행복은 거머잡을 수 없을 것이다.

한 주먹으로 단지 속에 든 콩을 집어내려는 원숭이는 절대로 손을 단지 밖으로 뽑아 낼 수가 없는 법이다. 당장 손해를 보면 언젠가는 이득을 볼 때도 있다. 수지결산을 할 때 흑자(黑子)가 나타나면 성공이다.

'10년을 한 마디로'라는 말을 많이 하는데, 최소한 인생을 10년간씩 구획지어 20대, 30대 각각 목표를 설정해서 그 10년의 기간 동안에 목표를 달성하려고 노력한다면 느긋하게 앉아 여유를 가지고 추진할 수가 있는 법이다.

■ 두 번 다시 돌아오지 않는 나의 시간들

돈은 떨어뜨려도 다시 주을 수가 있다. 물건에는 대체품(代替品)이라는 것이 있다. 그러나 시간은 한 번 잃어버리면 두 번 다시 되돌아오지 않는다.

그럼에도 사람들은 돈을 잃어버리면 속상해 하지만 시간을 잃어버리면 그처럼 손해를 보았다고는 생각지 않는다. 왜 그럴까?

그 하나의 이유는 시간은 눈에 보이지 않기 때문이다. 눈에 보이지 않는 것은 주의하기가 쉽지 않다. 잊어버리기 쉬운 것이다. 다른 하나의 이유는 마치 공기(空氣)처럼 무진장하게 있는 것과 같은 착각에 사로잡히기 때문이다.

'오늘은 할 틈이 없었지만 내일이 있으니까 내일 하면 되지'하고 마치 내일은 하루가 30시간이라도 되는 것과 같은 마음으로 그 내일을 맞이한다. 그러나 내일은 죽을지도 모른다라는 생각이 들 때에는 어떻게 할 것인가?

나는 때때로 '의식하는 마음'에 대하여 말해왔는데 시간은 바로 의식, 그 자체인 것이다. 의식하고 있을 때가 시간인 것이다. 살고 있다는 것은 바로 시간의 흐름을 의식하는 일이다.

'오늘은 헛되게 보냈구나'라는 생각이 든다면 생리적으로는 살았지만 인간으로서 없었던 시간과 같으리라. 이렇게 속절없이 일생이 순식간에 지나가 버린다고 생각하면 견딜 수 없는 마음이 우러난다.

인생은 스스로 각본을 쓰고, 스스로 연출하는 무대이므로 잘 되건 못 되건 적어도 자기 자신이 납득할 수 있는 인생을 살고 싶은 것이다. 나중에 가서 후회하는 인생을 살고 싶지는 않다라는 생각 때문에 시간을 소중히 아끼게 되는 것이다.

이러한 생각이 들면 자기 자신에게 가장 가치가 있는 것이 무엇인가를 생각하고 정해진 시간 안에 우선 중요한 것부터 손대고 싶어지리라(중점주의). 또 일단 일에 착수한 이상은 진지하게 달려들게 된다. 지금 보지 않으면 두 번 다시 볼 수 없다. 지금 하지 않으면 다시 할 기회는 없다고 생각하면 의식과 정력을 집중하여 달려들게 된다(집중주의). 또한 이런 생각이 들면 조금이라도 효율이 좋게, 그리고 많은 일을 경험하고, 체험하여 해내고자 하는 마음도 일어나게 되므로 필연적으로 깊이 생각한 연후에 행동을 취하게 된다. 일석십조(一石十鳥)의 행동을 취하게 된다.

그렇다고 해도 긴장의 연속은 물론 아니다. 긴장의 연속이기는커녕, 실은 시간을 소중히 아끼는 사람이 마음의 여유도 충분히 만끽하고 있다.

흘려버리기 쉬운 시간을 소중히 아끼는 것이 시간 창조의 비결인데, 이러한 비결을 실행하고 있는 사람이 훨씬 인생을 즐기며 살게 된다.

만인에게 평등하게 주어진 하루 24시간을 두 배 세 배로 활용하는 사람들이 성공한 사람들이다.

■ 돈을 쓰는 것을 통해 그 사람을 알 수 있다

시간, 돈, 물건의 사용법이 사람의 성공을 좌우한다. 돈이나 시간을 소홀히 여기는 사람은 결코 인생에 대한 이해나 사고방식이 확립되어 있다고 말할 수 없다. 사물의 가치, 거기에서 얻을 수 있는 대상(代償)의 만족도를 따진 연후에 사용하는 것이 바람직하다. 그리고 전항에서 말했듯 첫째, 찔끔찔끔 새는 것 같은 무의미한 사용법을 택하지 말라는 것이다.

젊을 때에는 월급이 아무리 인상되어도 여전히 부족하다고 생각하기 쉽다. 한정된 돈을 쓰는 것이므로 어떻게 써야 가장 효율적으로 쓰는가를 생각한 뒤에 써야 한다. 그러므로 둘째로 일점호화주의(一點豪華主義)를 권장하고 싶다. 오디오도 사고 싶다, 구두도 사고 싶다, 양복도 맞추고 싶다라는 욕망에는 한도가 없다.

그러므로 보너스를 받으면 가장 갖고 싶었던 것을 과감하게 구입하라. 그리고 다른 것은 모두 단념한 뒤 나머지 돈은 저금해 버려라. 가장 갖고 싶었던 것을 손에 넣었으므로 정신적인 만족도는 크다. 욕구불만은 거의 사라져 버리게 되는 것이다.

셋째로, 물건을 살 경우에도 다목적으로 활용할 수 있는 것을 구입하라. 녹음기를 사면 음악을 감상할 수도 있고, 영어회화를 공부할 수도 있다. 가족 전원이 사용할 수 있는 것을 사는 것도 좋다.

즐길 수 있음과 동시에, 자기개발(自己開發)의 도구로서 활용할 수 있는 것이라면 일석이조(一石二鳥)도 되고 삼조(三鳥)도 된다.

넷째로, 자기 정신의 만족도만을 잴 수 있는 자로 재야만 되지, 절대로 남에 대해 신경을 쓰지 말라고 하고 싶다. 남이 하니까, 남이 가지고 있으니까 라는 둥, 주위에 정신을 뺏기면 겉치장이나 허영심이 고개를 들게 된다.

큰 소리만 치는 사장 밑에서 일하는 어느 경영간부는 "나의 월급은 능력에 알맞은 보수가 아니라, 내가 인내하는 데 대한 대가다."라고 말했다.

재미있는 표현이 아닐 수 없다.

"저 사람은 노랭이다."라는 말을 들으면서 돈을 모으고 있는 사람은 감정에 대한 대가를 잘 재고 있는 사람이다.

보통 사람들은 이 대가에 걸맞지 않는다고 생각하기 때문에, '노랭이란 소리를 듣기 싫기 때문, 헛돈을 쓴다. 돈을 저축하려면 반드시 어떤 대가가 따라다니게 마련이다.

다시 한 번 말해 두겠다. 돈의 사용법에는 그 사람의 인격과 삶이 나타나 있다는 것을 잊지 말아야 할 것이다.

■ 절약하지 않으면 마음의 여유를 잃는다

모두가 보고 있는 앞에서 술통의 마개를 뽑고 술국자로 마음껏 퍼마시게 해도 두려워할 것은 없다. 그러나 밑바닥에서 어느 구멍으로 새는지도 모르게 새는 것이 더 무섭다.

돈은 버는 것보다도 쓰는 때에 따라 그 사람의 인품을 알 수가 있다고들 말한다. 버는 것보다도 쓰는 편이 훨씬 어렵다.

아무리 유능한 사람이라도 금전 면에서 흐리멍덩하면 반드시 실패한다. 유능한 예능인이나 재능이 있는 예술가들이 흔히 실패하는 것은 주판을 튕기지 않기 때문이다. 금전 면에 있어서야말로 합리적인 사고방식을 마음껏 활용해야 하는데도, 다른 면에서 합리적인 생각을 하는 사람이 뜻밖에 이러한 면에서 불합리한 생각을 하기가 쉽다.

경영에 있어서도 그렇다. 최근 도산(倒産)하는 중소기업들이 줄곧 실적이 부진하기 때문에 쓰러진 회사는 뜻밖에 적다. 오히려 급성장하여 도산하는 경우가 많다. 성장 스피드가 빨라 자만이 너무 넘쳐 사태를 잘못 판단하는 케이스가 많은 것이다.

저축의 원리는 "돈이 들어오도록 꾀하고 나가는 것을 억제하는 것"이다. 특히 푼돈 지출에 주의해야 한다.

인간이란 누구나 큰 돈을 지출할 때에는 신중해진다. 스스로 바보스럽게 생각되는 곳에 큰돈을 내던지는 사람은 없다. 오히려 상식적인 눈으로 보아 바보스럽다고 여겨지는 곳에 큰돈을 내던지는 사람은 특별한 인생관, 금전관을 가진 거물인 경우가 많다.

그런데 작은 액수는 어디에 썼는지도 모르는 사이에 어느 순간 없어져 버리는 법이다. 백만 원은 1만원의 1백배에 불과하지만 1만원의 2백배, 3백배의 효력을 낸다. 똑같이 유흥에 돈을 쓴다고 하더라도 1만원씩 열 번으로 나누어 쓰는 것보다는 한꺼번에 10만원을 내던져 즐기는 편이 시원스럽고 얻는 것도 훨씬 많은 법이다.

개인도 회사도 마찬가지다. 낭비는 철저하게 체크하여 단 1원이라도 절약하지 않으면 안 된다. 쓸데없는 지출을 없애라는 것은 인색해지라는 말이 아니다. 꼭 필요할 때 효과적으로 쓰라는 것이다.

쓸데없는 지출을 절약하는 회사는 겉보기에는 검소하지만 여유가 있다. 일단 유사시에는 대담하게 돈을 쓸 수가 있다.

절약은 돈의 여유와 마음의 여유를 모두 안겨 준다.

■ 감정 전이 현상, 상대를 좋아하라

　사람을 싫어하는 예술가나 기인(奇人), 자신만의 세계가 존재하는 과학자라면 몰라도 어떠한 분야에서든 위대한 성공자는 거의 모두 '사람을 좋아했다'라고 해도 과언이 아니다.
　사람을 싫어한다고 하는 기인들도 실은 인간의 속물근성(俗物根性)이나 상식(常識)을 벗어나는 데 대한 역겨움을 견뎌낼 수 없었던 데에 지나지 않는 것은 아닐까.
　성공자는 확실히 사람들의 마음을 조종하는 법이 뛰어났다. 사람의 심리를 잘 파악하고 있는 것이다. 그러나 그것도 본질적으로 '사람을 좋아했기 때문에' 그렇게 할 수 있는 것은 아닐까.
　나 역시 이 세상에서 가장 흥미 있는 일은 사람에 대한 것이다. 사람이 하는 일이므로 흥미가 있다. 사람처럼 속 깊고, 사람처럼 이해하기 힘들고, 사람처럼 정신이 쏠리는 것은 없다. 그러므로 조금이라도 사람을 깊이 알려고 하게 된다.
　좀더 많이 알고 싶어진다. 사람을 사랑할 수 없게 되고, 사람을 신뢰할 수 없게 됐을 때 자살하고 싶은 절망을 느끼게 될 것은 틀림없다.
　적어도 염세관이란 것은 '인간 세상'이 싫어진 결과로 품게 되는 사상이 아닐까.
　근본적으로 사람을 사랑하지 않는 사람은 높은 리더십을 발휘할 수가 없다.

사람을 사랑하지 않는 사람은 차갑다. 그러므로 남들도 따르지 않는다.

그러나 한 부대의 지휘관이 한 사람의 병사를 구해내는 일만을 생각하여 무모한 행동을 취한다면 전군이 사지(死地)로 내몰리는 경우도 있다. 정에 얽혀서 대의(大義), 대도(大道)를 잊어버리는 사람은 통솔자로서는 실격이다.

「조직에 활기를 넣어라」란 책을 쓴 다운젠트 사장은 "라인맨과 스타아프맨을 가려 보는 간단한 방법은 그 사람이 지금까지 직접 몇 명을 해고했는가를 조사하는 방법이다."라고 말하고 있다. 준엄한 말인데 냉엄한 사실인 것이다.

남을 해고한다는 것은 경영자에게 가장 쓰라린 일이다. 부하를 버리지 않으면 안 되는 리더는 가능하면 스스로가 대신 죽고 싶을 정도로 괴롭다. 그러나 그렇다고 해도 징에 치우치다가는 조직 자체가 무너져버리는 불상사가 발생한다. 이러한 이율배반 속에서 냉정하고 치밀하게 현실을 인식하여 대국적으로 판단할 수가 없다면 참다운 통솔자, 참다운 오너가 될 수는 없는 것이다.

다른 항에서

'사람은 믿어도 좋지만 사람의 행위는 믿을 수 없다'라고 말한 것도 이러한 냉정함이 필요한 것을 강조한 말이다.

사람을 좋아한다는 것은 성공의 가장 큰 조건이라고 할 수 있다. 그러나 사사로운 정에 빠져 버린다면 큰 일을 해낼 수 없는 것도 역시 사실이다.

■ 인맥의 기본은 기브 엔 테이크

앞으로의 시대는 과거의 시대에 비교하여 성공을 위한 기본 조건도 얼마간 변해 가게 될 것이다. 전에는 성공으로 달려가는데 근면, 노력, 성실 등의 역할이 컸다. 물론 이러한 특성은 앞으로도 필요하다. 그러나 그 이상으로 필요한 조건도 생겼다. 그 하나는 온갖 지식을 시스템적으로 결부시켜 사물을 보는 지혜와 선견성(先見性)이다.

다양(多樣)함 속에서 어떻게 변하는가를 바로 꿰뚫어보는 지혜인 것이다. 이 지혜의 개발에 노력한 사람이 성공자가 된다고 해도 과언이 아니다.

앞으로는 근로시간이 점점 줄어든다. 근로시간이 짧아지므로써 생겨난 여가는 교육과 레저(레크레이션)에 쓰여지게 되리라. 교육 정도는 높아지고 지식은 점점 더 보급이 될 것이다.

지혜의 요구도(要求度)는 지식, 정보의 범람도에 비례하여 점점 높아져 간다는 것은 확실하다.

지식과 지혜를 높이고 닦는 방법은 세 가지밖에는 없다. 첫째는 독서에 의한 공부, 둘째는 남과의 접촉을 통해 배우는 것, 셋째는 여행하거나 체험하여 스스로 견문(見聞)을 넓혀가는 것이다. 그러므로 나는 20대에는 독서, 30대에는 인맥 쌓기라고 가끔 되풀이 하여 말하고 있다.

물론 20대 때에서부터 인맥의 개발에 노력해야 한다. 그러나 20대 때에는 아직 일도 그렇게 확대되어 있지 않고 행동반

경도 좁다. 말하자면 기초 공부, 토대를 만들기 위한 시기인 것이다.

30대가 되면 20대에 쌓은 지식을 토대로 일을 하는데 있어 크게 비약할 때다. 일이 커지고 활동 범위가 확대됨에 따라, 교제권도 넓어진다. 새로운 거래처에 갔을 때 그곳에 학창시절의 동창생이 있어 '아니 자네가 여기 있는가'라고 인맥을 재발굴하게 되는 경우가 있다. 인맥의 개발은 신경만 쓴다면 넝쿨줄기처럼 얼마든지 뻗어나갈 수가 있게 된다.

인맥, 휴먼, 스토크는 정보 수집을 위한 최고의 무기다. 이 방면의 전문가의 말에 의면 아주 잠깐 동안의 시간이라도 몇 권의 책을 읽는 것 이상의 가치가 있다고 한다. 기술(技術)이라면 요령, 지식이라면 문제점의 골자를 알기 때문이다. 또 현장에서 일하는 사람들의 의견은 신선하고 다이내믹하다. 지식뿐만 아니라 지혜도 흡수하게 된다.

휴먼 스토크의 비축(備蓄)에 있어서 주의해야 할 것은 기브 앤 테이크(give and take)다. 우선 준 뒤에 얻겠다는 정신을 갖지 않으면 그 교제는 절대로 오래가지 않는다. 이것은 교제의 대원칙이다.

■ 좋은 친구는 참다운 벗이자 훌륭한 스승

"빨간 색 속에 끼이면 빨갛게 물든다"라는 속담이 있다. 친구처럼 서로 영향을 미치는 것도 없다.

교제를 하고 있노라면 자기도 모르는 사이에 그 사람의 사고방식이나 행동까지 어느 순간 흉내를 내게 된다. 그렇기 때문에 내성적이고 소극적인 사고형의 사람은, 외향적이고 행동력이 있는 사람과 친하게 지내노라면 행동력이 붙게 된다.

또한 지식이나 사물을 보는 법, 생각하는 법에 있어서도 그렇다. 다른 업종, 다른 분야에서 일하는 사람과 접촉하는 것이 좋다.

현시대는 학문의 세계에 있어서도 여러 종류의 다른 전문 분야의 협력이 없으면 새로운 성과를 얻을 수 없는 시대다. 도시문제 하나를 놓고 보더라도 산업기술자, 공학자, 생물학자, 생태공학자, 경제학자, 사회학자, 심리학자, 교통전문가, 건축가 등 많은 다른 분야의 전문가의 협력이 없으면 해결되지 않는다. "학제(學際)-국제(國際)와 비교하라"라는 말이 그래서 유행되게 된 것이다.

필자는 무용가, 화가, 종교인들을 친구로 삼고 있는데 그들에게서 배우는 것이 참으로 많다. 한 가지 재주가 뛰어난 자는 무엇인가 힐끗 비치는 것을 가지고 있다. 완전히 다른 각도에서 사물을 보는 법을 배우기도 한다.

사람은 주변인에 의해 교육되고 감화를 받는 것이 가장 많음을 깊이 느끼게 된다. 이런 점으로 볼 때 좋은 친구, 좋은 스승을 갖지 않은 사람은 불행하다고 할 수 있다.

그러나 참다운 벗, 친구라고 부를 수 있는 사람은 그리 많지는 않다. 대개는 젊을 때부터 사귀어 왔던 벗이겠지만 중년 이후에 벗이 생기지 말란 법도 없다.

"상통하는 면이 벗을 만들게 된다"라는 말이 있는데 결국은 똑같은 마음의 거문고 줄을 가지고 있는 사람들끼리 친구가 되는 것 같다.

어떤 사장이 경영이 막혀 버려 회사가 무너질 위기에 처했을 때 자금을 아낌없이 지원하여 준 사람은 뜻밖에도 옛 친구들이 아니라 요정의 마담이었다고 한다. 지위, 연령, 성별을 초월하여 우정은 성립되는 것이다. 아니, "성공하면 거의 친구를 만들 수 없다"라는 서양의 속담도 있듯이 사회적인 지위나 돈이 쌓이게 되면 오히려 우정이 싹트는 데 방해가 되는 경우가 있을지도 모른다. 그러므로 서로 격려할 수 있는 우정을 젊을 때에 키워두는 것이 바람직하다.

■ 신뢰와 신용이 깨지면 모든 것을 잃는다

경영자, 관리자 등 남의 뒤에 있는 사람 가운데 부하들의 평판이 가장 나쁜 사람은 언행이 일치하지 않는 사람이다.

한 번 말한 것은 반드시 실행해야 하고 실행할 수 없는 것은 약속하지 않는 것이 마땅하다. 이러한 것은 비단 비즈니스뿐만 아니라 모든 사람들에게 적용되는 신용을 얻기 위한 첫째 조건이다.

그러나 처음부터 약속을 깨려고 생각하고 거짓말을 하는 사람은 적다. 대개의 경우 약속이 거짓말이 되어 버리는 것은 실행력이 부족하기 때문이다. 의지도 신념도 약하기 때문이다.

    '이 약속만은 무슨 일이 있더라도 지켜야만 한다'라는 신념과 '무슨 일이 있더라도 해내자'라는 근성이 없기 때문이다. 이러한 생각이 들지 않는 약속은 처음부터 하지 않는 편이 낫다.

    '예스'와 '노우'를 분명히 말하는 것은 신뢰를 얻기 위하여 절대적으로 실행하지 않으면 안 될 인생사의 기본 룰이다.

    "내일 몇 시에 만나자"는 약속을 했는데 만약 돌발상황이 생겨서 갈 수가 없게 되면 그 시점에서 당장 상대방에게 연락하여 스케줄을 조정해야 한다. 만나자는 약속은 자기의 시간을 제공함과 동시에 상대방의 시간을 제공받는 것을 의미한다.

    시간의 위약은 상대방의 시간을 말없이 훔친 것과 다름없다. 돈을 훔치면 도둑놈으로 몰리는데 시간을 훔치는 사람은 "미안합니다."라는 한 마디로 무죄 선고되어 있는 현실은 무서운 습관이라고 아닐 수 없다. 나는 그러한 죄를 범하지 않도록 반드시 "오분 전주의(五分 前主義)를 애써 지켜라."라고 권하고 싶다.

신뢰, 신용을 얻을 수 있는 하나의 포인트는 다른 사람에 대해 감사하는 마음을 잊어서는 안 된다는 것이다. 사람은 누구나 자기중심적으로 사물에 대하여 생각하는 경향이 있다.

그러므로 자기가 신세를 진 것은 과소평가를 하고 남에게 은혜를 베푼 것은 과대하게 평가하기가 쉽다. 일부러 인사할 것까지도 없는 일이다라고 생각하고 있는 경우라도 상대방에서는 뜻밖에 "못된 사람이군. 감사할 줄도 모르고"라고 생각하고 있다고 보면 될 것이다.

"남에게 신세를 지지 말라. 남에게 신세를 갚아라. 남에게 보답을 바리지 말라"는 것은 대인처세의 원칙이다. 남을 보살펴 주어도 보답을 받지 않는 것이 당연한 일이라고 각오하고 있으면 상대방이 인사를 차리지 않아도 화가 나지 않는다. 만약 보답을 바라는 마음이 있으면 자기의 정신위생상에도 좋지 않고 또 그러한 것이 태도로 나타나면 오히려 자기의 인격을 의심받아 신용이 떨어지게 된다.

그러나 자기가 받은 은혜는 진심으로 감사하여 이내 행동으로 나타내지 않으면 안 된다. 조그마한 일일수록 더욱 신경을 써 그때 그때마다 감사한 마음을 나타내는 것이 남의 마음을 끄는 요체다.

■ 정보수집의 귀신이 되어라

좋은 지혜가 우러나지 않는다거나 대책이 없는 경우, 우선 필요한 것은 생각할 수 있는 재료의 수집이다. 재료가 없으면 지혜가 우러나지 않는 것은 당연한 일이다. 변화의 속도가 급속한 현대사회는 변화를 앞질러 가기 위해서도 정보는 필요하다.

"백문(百聞)이 불여일견(不如一見)"이라는 말이 있는데 나는 현지주의·현품주의를 취하고 있다.

나의 눈으로 그 분야의 실정을 자세히 살핀다.

신선한 정보, 생생한 정보를 직접 수집하면 기억도 선명하게 남는다.

첫째는 정보를 직접 수집하면 기억에도 선명하게 남는다.

둘째는 남을 통해 정보를 얻는다. 탤런트, 평론가, 기획편집자 등에게서 중요한 소스를 얻고 있다. 또 강연장에 나갔다가 일류 강사와 의견을 서로 교환할 기회도 많다.

정보의 가치는 정보원의 신뢰성에 있는데 이런 점으로 보아 일류 인사들로부터 직접 듣는 의견은 구슬과 같은 정보다. 질이 좋은 정보를 가장 용이하게 입수할 수 있는 것은 인맥이다. 그러므로 정보를 수집하려고 생각하면 우선 인맥을 확대하는 데 노력을 기울여야 한다.

셋째는 독서다. 필자에게는 현재, 신간서적, 특수한 리포트, 특별조사자료 등이 수시로 보내져 온다. 여행 중 비행기나 열

차, 승용차 속에서 이러한 자료와 신간서적을 읽고 있다.

일석십조주의(一石十鳥主義)를 모토로 삼고 있는 필자는 남들보다 호기심도 더욱더 많다. 무엇이든지 보아주자라는 식으로 오감(五感)을 총동원하여 흡수해 버린다. 하지만 그것을 그대로 흡수한 것이 아니라 컴퓨터에 교육법으로 연결해서 정리한다.

정보의 정리가공 포인트는 차원이 다른 이질적인 것을 종합하는 시스템적 사고다. 정보과잉 시대는 정보 교통정리가 가장 중요하다.

■ 책은 언제나 가장 든든한 아군이 되어준다

현대는 '감각인간(感覺人間), 지각인간(知覺人間)'의 시대이며 활자인간(活字人間)은 이미 낡았다고 일컬어지고 있다. 텔레비전이나 만화처럼 직접적, 직감적으로 느낄 수 있는 매개체가 늘어나는 탓도 있을 것이다.

그러나 지적 생산에 관여하고 있는 사람들은 활자를 읽고 글씨를 씀으로써, 점점 지적 활동을 높여 갈 수 있다고 생각한다.

읽는다는 활동은 고도의 정신 활동이다. 활자를 읽으면서 뇌리 속에서 여러 가지 상념(想念)이 힐끗거린다.

보는 것보다 읽는다는 것은 상상력을 훨씬 많이 자극한다. 상상력은 창조력의 모태다. 인간의 지적 활동의 주체는 이러

한 창조성에 있다. 그러므로 독서는 창조력의 촉매(觸媒)다. 또 독서 습관이 붙을 때까지는 상당히 강한 의지력이 필요하다.

읽는 것보다는 텔레비전처럼 수동적으로 보고 있는 편이 훨씬 편하다. 그러니까 독서 그 자체가 의지력을 키우는 역할도 한다. 그러므로 독서의 습관은 젊을 때에 가능한 길러 두는 편이 좋다.

독서를 함에 있어서는 무엇을 읽을 것인가가 문제가 된다. 순전히 한가한 시간을 채우기 위해 읽는 수도 있고, 정신의 세탁을 위한 독서도 있을 것이고, 지식의 흡수를 위한 독서도 있을 것이다. 자기 나름의 기준을 세워 두는 것이 바람직하다.

필자의 선별기준(選別基準)은 세 가지다.

첫째, 의지력, 신념을 높이기 위한 책, 인간성을 추구하여

나 자신이 누구인가를 생각하게 해 주는, 내가 살아가는 데 있어서의 양식이 되는 책을 선별한다.

단 한 권의 책을 봄으로써 인생이 달라지는 경우도 있다. 「불가능은 없다」가 바로 이에 해당된다. 이 책이 필자에게 충격을 주었다. 이 책을 읽고 나의 인생 탐구가 시작되었다. 이런 종류의 영향을 주는 책은 고전 중에 많은 데 반드시 널리 알려진 명저(名著)만이 그런 것이 아니다.

또 명언집이나 언행록 등 중간에서 읽든지, 끝머리부터 읽어도 좋은 책을 항상 옆에 두고 틈만 나도 펼쳐 보고 있다.

둘째는, 정보(지식)의 수집을 위한 책이다. 변화를 앞질러가고 생각할 수 있는 자료를 풍부하게 하기 위한 책이다.

셋째는 나의 직업 능력을 높이기 위한 책이다. 연구자라면 연구상의, 세일즈맨이라면 대금 회수라든가, 어음법 등 전문 지식과 기술을 증진시켜 주는 책이다.

비즈니스맨의 경우, 일이 많아지면 많아질수록 넓고 고도의 지식이 요구된다. 20대 때에는 어떠한 직업을 갖더라도 그것에 필요한 기초를 구축할 필요가 있다.

아이디어 개발법의 권위자인 오스본 씨는

"물을 너무 마셔 배탈이 나는 경우가 있다. 책을 읽는 것도 중요한 일이지만 더욱 중요한 것은 생각하는 일이다."라고 말했다. 지식을 소화하여 지혜를 축적하지 않으면 단순한 마니아로 끝나고 말 것이다.

■ 글로벌 매너가 국가 간의 벽을 무너뜨린다

우리들은 역사를 거울삼아 많은 교훈을 배워왔다. 그것에는 과거의 인습에 사로잡혀 과거의 틀에 구애당해 그 껍질 속에서 벗어나지 않으려는 심리적 경향에 빠지기 쉬운 위험도 있다. 이러한 데에서 구제해 주는 것이 횡적(橫的) 연계(連繫), 즉 횡적인 넓이에서 사물을 보는 발상(發想)이다.

한국에서는 첫 대면할 때, 허리를 굽히고 고개를 숙여 인사를 하는 것이 상식이다. 그러나 서양인은 절대로 허리를 굽히거나 하지 않는다. 웃음 띤 얼굴로 똑바로 상대방의 눈을 보면서 악수를 하는 것이 상식적인 서양 인사다.

"장소가 달라지면 품격도 달라진다"라는 말이 있는데, 나라와 지방이 달라지면 상식도 달라진다.

한국인적인 좁은 시야에서 생각하는 것이 아니라 세계적 국제적 시야에서 생각하는 습관을 몸에 익히는 것이 앞으로는 특히 중요해지는 시대다.

미국인의 흑인 멸시, 인종차별 문제는 상당히 뿌리 깊게 박힌 듯하다. 그러므로 인종 차별 문제를 어떻게 해결하는가가 미국의 장래를 결정하는 포인트가 되고 있다.

이 문제는 외국인 모두가 느끼고 있는 것인데 미국인들의 대부분은 과거의 껍질을 고집하려고 한다. 하지만 남의 일이라고 웃을 수만은 없다.

한국에도 이와 비슷한 일은 얼마든지 있다. 우리들이 과연

인종적인 편견에서 탈피했다고 단언할 수 있을 것인가.

국제적인 시야에서 사물을 생각한다는 것은 선입관(先入觀), 편견(偏見)을 버리고 크고 높은 곳에서 인간성에 비추어 사물을 생각한다는 것을 의미한다.

그렇게 생각하면 앞에서 말한 상식이란 것도 무척이나 의심스러운 것이라고 아니할 수 없다. 우리들의 지식은 대개 상식이란 여과장치(濾過裝置)를 통한 전문지식(專門知識)이다.

그러므로 '파리'라고 할 때에는 파리 세느 강가에서 사랑을 속삭이는 달콤한 이 스테레오 타입의 관념을 품고 있다. 내가 현지, 현장주의를 주장하는 것도 이 스테레오 타입의 지식, 피상적인 잘못된 정보를 근거로 하여 판단을 내리지 않게 하기 위한 것이다.

커뮤니케이션의 수단의 진보와 인간의 이동 욕구, 교류 욕구가 점점 세상을 좁혀가고 있다. 글자 그대로 '세계(世界)는 하나'를 실현하기 위해서도 국제 감각과 세계적 시야를 기르지 않으면 안 된다.

- **깊이 사고하는 것이 굳은 신념을 만드는데 가장 으뜸 가는 일이다**

인생은 어차피 고독한 것이다. 태어날 때에도 혼자서 태어나고 죽을 때도 혼자서 죽는다. 고독은 인간의 원점이다.

학생이나 젊은 사람들은 고독을 친구가 없을 때, 혼자 있는 것이 쓸쓸할 때 곧잘 느낀다. 그러나 커다란 일에 달려들어 수많은 부하나 협력자를 가지고 있어도 역시 고독감을 맛보는 경우가 있다. 아니 오히려 사업이 커지고 지위나 책임이 커지면 커질수록 의사 결정은 자기 혼자만의 문제가 아니므로 책임의 중량감도 무겁게 된다.

고독감도 점점 더 무겁고 강해지는 것이다. 그러나 인간은 최종적으로는 사는 것도, 죽는 것도, 그리고 물러서는 것도, 나아가는 것도, 스스로 생각하고 결단을 내리지 않으면 안 된다. 고독은 인간의 근원적인 아성인 것이다.

숙려(熟廬)에는 세 가지의 사고(思考)가 있다. 하나는 크고 높은 곳에서 사물을 관찰하는 사고다. 관조(觀照)라고 해도 좋다. 깊이깊이 사물을 개관적으로 그리고 종합적으로 보아야 한다.

다른 또 하나는 사물을 깊이깊이 파고들어 가는 분석적인 사고다. 문제에 달려드는 방법의 연구라고 해도 좋다. 그리하여 추구하는 목적을 마음속에 명확하게 그리면서 이 두 가지의 견해도 보며 추진시켜 가면 사물의 본질과 대상의 중심을 파악할 수가 있다.

　이것이 바로 직관(直觀)이다. 분석, 종합 과정을 거쳐 직관이 움직이기 시작하고, 계획이 이어지게 된다. 이러한 사고작업(思考作業)은 고독을 통하여 높아진다.

　고독은 또 신념, 정열, 결단력을 배양함에 있어서도 필요하다. 고독으로 돌아가 자기 자신을 보면, 자기를 확인하는 깊은 생각이 있기 때문에 할 마음도, 끝까지 해내겠다는 신념도 솟아난다.

　어떤 회사의 사장은 면접시험에서 대학졸업자인 수험자에게 "자살에 대하여 생각한 일이 있는가?"라고 물어서 생각해 본 일이 없다고 대답하는 응시자는 절대로 채용하지 않는다고 한다.

　인간은 누구든지 고독해져 자기를 응시하노라면 온갖 의념(疑念)이나 불안이 솟아나게 된다. 자기 능력에 대한 의문과 사회의 현실과 이상의 차이에서 오는 번민이 생겨서 자살하고 싶을 때도 있다.

　절망감에 짓눌릴 때도 있다. 젊은이답게, 그리고 진지하게 사물에 대하여 생각하는 사람이라면 오히려 이러한 마음이 우러나지 않는 것이 이상하다고 그 사장은 보는 것이다.

　사회에서 활약하는 사회인들도 고독해지는 시간을 갖는다는 것은 절대 필요한 일이다. 하루 10분간이라도 좋다. 고독해져서 자기를 반성하고 일에 대한 것을 생각하고 계획을 짜고 가까운 목표, 먼 목표 등을 생각하는 시간을 가져야 한다.

　필자는 집을 지으려는 사람에게는 좁더라도 좋으니까 "꼭 서재만은 만드십시오."라고 권하고 있다. 그만큼 책은 깊은 사고를 하는데 영향을 미치기 때문이다.

■ **때때로 NO라는 당돌함을 보이지 않으면**

세일즈맨이라고 하는 직업은 철두철미(徹頭徹尾) "손님은 왕"이라는 태도로 나가지 않으면 안되는 괴로운 직업이다.

그러나 손님이 하는 말을 무엇이든지 "지당하신 말씀입니다"하고 들을 수 있느냐 하면 반드시 그렇지만도 않다.

어떤 세일즈맨은 손님이 어떠한 서비스를 요구했을 때, "우리들은 그렇게까지는 해 드릴 수 없습니다." 하고 분명하게 거절했다.

손님은 "그러나 B회사는 해 주던데." 하고 계속 요구했지만 그는 B회사의 제품(製品)과의 차이를 꼽으며, 그렇게 해줄 수

없는 이유까지 상세히 설명해 주었기 때문에 오히려 손님으로부터 신뢰를 받아 그 뒤로 그 손님은 단골이 되었다고 한다.

이러한 이야기는 많은데 실제로는 좀처럼 예스(Yes), 노우(No)를 분명히 하기가 어렵다. 동양인은 흔히 '예스맨'이라는 말을 듣게 되는 것도 줄곧 상냥한 웃음을 띠우고 선뜻 '예스', 'OK'를 연발하기 때문이다. 이러한 태도로 상담에 임한다면 구매인들은 오히려 경계하여 비록 일류 회사의 상품이라 할지라도 이류, 삼류 상품은 아닐까 하고 의심할 것이다.

의미가 없는 비굴한 웃음은 이미지를 떨어뜨릴 뿐이다.

'노우'라고 뚜렷이 말할 수 있다는 것은 자기에게 그만한 자신과 긍지가 있을 때 가능하다.

사람은 부화뇌동(附和雷同)하는 편이 훨씬 수월하다. 예를 들어 회의를 하는 장소에서 대다수가 한쪽으로 쏠렸을 때, 그에 반대하는 의견을 말하려면 상당한 용기와 설득력이 필요하다.

특히 이 세상의 대다수란 무서운 존재가 무드에 휩쓸려 들기가 쉽다. 겉치레나 체면상으로 "저는 할 수 없습니다."라고 말하기 어려운 경우도 많다. 그러나 쓸데없는 의리나 체면 등에 구애당하여 이행할 수 없는 약속을 하거나, 뒤에 가서 돈에 고통을 받기 보다는 분명히 처음부터 거절하는 것이 긴 안목으로 볼 때 신용을 증대시켜 줄 것이다.

체면만 생각하는 자는 세상의 평판에 신경을 써서, 겉치레만 차려서 그것이 자기 자신을 죽여 버리게 되는 경우가 많다.

'노우'라는 것은 비협조적이라는 것은 절대 아니다. 상대방에게 싸움을 거는 것도 물론 아니다. 아니 오히려 장기적으로, 오래오래 우호적이고 치밀한 관계를 계속하고 싶기 때문에 '노우'라고 말해야 할 때는 '노우'라고 말하는 것이다.

그러니까 그 말을 하는 것이 더욱 어렵다.

첫째, 상대방의 입장이나 주장을 충분히 이해하고 있다는 것을 분명히 알릴 것.

둘째, 그런 뒤에 자기의 입장이나 주장을 납득할 수 있도록 노력할 것,

셋째, 깍듯이 예절을 다할 것 등이 '노우'를 하는 요체다.

■ 자연을 벗으로 삼아야 하는 시기

자연을 정복하여 자연에서 인공(人工)의 변화를 추구한 현대인은 대기오염(大氣汚染), 물오염(水汚染) 등 공해도시(公害都市)의 한복판에 살면서,

"자연으로 돌아가라."

"자연의 조화를 되찾자."

등을 떠들어대고 있는데 루소는 이미 2백 년 전에 "자연으로 돌아가라"고 외쳤다.

이런 면에서 볼 때 루소는 하이킹의 원조(元祖)라고 해도 좋다. 왜냐하면 그는 스위스의 제네바에서 프랑스의 파리까지 마차를 타지 않고 터벅터벅 걸어갔기 때문이다.

하지만 그는 탈 것을 싫어해서가 아니라 돈이 떨어졌기 때문

이었다.

　루소의 「에밀」을 보면 자연처럼 좋은 교육자는 없다고 생각했었다는 것을 알 수 있다. 자연 속에 방치하여 자연으로 하여금 교육을 받도록 하면 자연의 섭리(攝理), 자연도태(自然淘汰)의 준엄한 야성미, 인간적 따뜻함, 인간적 감정의 중요함을 저절로 배울 수가 있다고 루소는 주장하였다.

　확실히 근대 문명은, 자연의 정복, 자연의 지배 방향으로 향하여 오로지 외곬으로만 달려왔다. 그런 결과 자연의 균형을 무너뜨려, 지금 문제가 되고 있는 것이다. 이러한 때 자연을 새롭게 다시 생각하지 않으면 안 된다.

　또한 필자는 그 이상으로 자연은 인간의 성장에 있어서 중요한 비중을 차지하고 있다는 것을 재인식해 주기를 바라고 있다. 필자는 다른 항에서도 말했듯, 인간의 교육은 틀에 맞춰 끼우는 공업법(工業法)이 아니라 식물을 배양하는 농업법으로 하지 않으면 안 된다. 인간이 성숙하려면 수목이 자라는 것과 같이 시간이 걸리기 때문이다.

　토양이나 비료가 좋고 나쁜 것도 영향을 미치게 된다. 그야말로 자연에서 배울 수 있는 것은 많다.

　도시인은 자연과 접촉할 기회가 적다. 그러므로 레크리에이션에는 우선 첫째, 자연과 접촉할 수 있는 것을 선택해야 한다. 등산을 하거나 캠퍼스를 들고 교외로 나가서 사생(寫生)을 하는 것도 좋고 낚시대를 들고 바다나 강으로 가는 것도 좋다.

　여행은 이런 요건을 충족하는 장소를 택하고 기회를 잘 잡아서 하는 편이 좋다. 자연 속으로 뛰어들면 인공의 자질구레한 세계를 잊게 해줄 뿐만 아니라 시야가 넓어진다.

그리고 다음으로 고독한 시간을 가질 수가 있다. 고독해져 자연과 대결하여 자연 속에서 생각하면 색다른 시야가 펼쳐진다. 앞이 막막하거나 번민이 있을 때, 벽에 부딪쳐 괴로워할 때에는 효과 만점이다.

자연 속에 융해(溶解)되었을 때 인간은 인간다운 인간으로 돌아가 생명을 세탁할 수가 있는 것이다.

■ 철학, 상식, 과학, 예술을 넘나드는 지식체계를 가져라

〈인간회복의 경영학〉으로 일약 유명해진 조셉 버질 교수가 〈사장의 조건〉이라는 타이틀로 대담(對談)을 연재하였는데, 프랑스의 OO 사장이 "미래의 관리자가 익히지 않으면 안 될 것은 25퍼센트가 독창성과 상상력, 25퍼센트가 직업적 기술, 50퍼센트가 교양과 인간적 배려의 마음이다."라고 말한 것을 인용했다.

사회 변화가 다양하고 또한 급속하고 대대적으로 이루어져 가면 사업을 성공시키기 위해서는 경영적, 업계적 지식만으로 불가능해진다.

경영학적, 사회 전반의 변화를 기민하게 파악하여 거기에 즉시 대응할 수 있는 유연한 사고방식이 필요하다. 현재는 옛날과는 비교가 안될 만큼 넓은 시야와 유연한 사고방식과 인간적인 풍요함이 요구되고 있다.

　변화하는 젊은 의식, 유동하는 국제사회의 움직임, 인종문제(人種問題), 공해소동(公害騷動) 등, 그 어느 것이나 기업의 내일의 운명과 직결되고 있는 절실한 문제인 것이다. 공해 문제만 하더라도 경영을 초월한 차원에서 생각할 수 있는 경영자가 아니면 해결할 수 없을 것이다.

　스페셜리스트는 항상 전문적인 데에 사로잡혀 전문적인 눈을 통해서만이 사물을 본다. 또한 나무만 보면서 숲을 보지 않고, 또 숲을 보되 산을 보지 않는다.

　그리고 전문적인 면(面)만 고집하기 쉬우므로 전문분야 의식을 갖기가 쉽다. 전문적인 면을 깊이 파고드는 것도 물론 중요한 일이지만 앞으로의 성공 조건은 넓은 시야와 교양을 쌓는 것이 점점 더 중요해져 갈 것이다.

　서구의 경영자 중에는 그림을 사랑하는 사람들이 많다. 자연을 사랑하는 것처럼 예술은 우선 마음을 정화시켜 주고 나아가서, 다른 시점(視點), 다른 사고방식을 가르쳐 주기 때문이다.

　"예술의 사명은 자연을 모방하는 것이 아니라 자연을 표현하는 데에 있다."라고 발자크는 말했다. 예술가가 자연을 파악하는 방법은 우리들을 감동시키고 새로운 돌파구를 제시해 준다.

　예술의 또 다른 면은 감각적 영지(感覺的 英知)의 개척이다. 학문이나 과학은 논리적으로 사물을 파악한다. 예술은 감성적(感性的)으로 그리고 직관적으로 사물을 파악한다.

　지성과 감성의 양면이 균형 있게 개화(開花)하는 것만이 참다운 의미에서의 정신적인 풍요함이다.

사회(社會)나 인심(人心)의 감각적, 감성적 파악은 앞으로 사업을 성공시키는 데 있어서 점점 더 중요성이 더해져 갈 것이다.

밤중에 조용히 혼자 서재에서 글을 쓰거나, 그림이나 음악을 즐기는 것은 인간적인 폭이 넓어지는 데에 있어서 샘물과 같은 것이다.

이러할 때 마음의 풍요가 배양되고 자연과 인간에 대한 이해와 사랑이 깊어진다. 이렇게 하여 배양된 인간적 매력이 일을 하는 세계에 있어서도, 대인 관계에 있어서도 또 다른 국면을 열어 줄 것이다.

■ 놀아야 할 때를 잊지 마라

레저산업이 지금 한창이라고들 떠들어댄다. 그러나 실태는 호조로 나아가는 것도 있고 불황으로 나아가는 것도 있어서 한 마디로 딱 잘라 말할 수는 없는 형편에 있다.

그야말로 각각의 경영의 아이디어에 따라서 달라진다. 유흥업적인 요소가 강하다. 왜냐하면, 지극히 당연한 이야기이지만 레저란 여가 시간을 어떻게 보내는가에 대한 문제이기 때문이다.

다른 상품이나 서비스나 정보 등은 그 어떤 필연을 가지고 있다. 필수(必需)가 있기 때문에 생겨난 장사인 것이다. 그런데 레저산업만은 심리적 요인 이외에는 필연성이 없다. 그래서 유흥에 지나지 않는다고 일컬어지는 이유다.

현대는 대중을 상대로 하는 대량소비 사회이다. 매스생산 사회에서는 단편적 정보(斷片的情報)를 감각적으로 받아들여 획일적(劃一的)인 것에 중독되어 항상 받아들이지 않으면 시대에 뒤떨어지는 것 같은 불안감을 품도록 사육(飼育)된다.

그러나 한편 가치관이 다양화되면 개성화의 경향도 강하게 나타나게 된다. 남들이 모두 하니까 나는 하고 싶지 않다, 다른 일을 해 보고 싶다라는 욕구가 당연히 생겨나게 된다. 기업은 그런 만큼 상품의 정보화를 위해 애를 쓰고 있는 것이다.

이런 것이 여하튼 레저라고 하는 근로나 가사 노동 등에서 해방된 순수한 여유 시간을 어떻게 보내는가를 말한다. 매스컴을 통한 정보나 기업 정보에 부채질당해서 획일적인 레저에 많은 돈을 투자하는 일 따위는 그야말로 바보 같은 짓이다.

돈이 들지 않는 놀이는 얼마든지 있다.

친구와 바둑을 둔다든가, 장기를 두는 것도 좋고, 교외로 사이클링을 가는 것도 좋고, 캠퍼스를 둘러메고 사생 나가는 것도 좋다.

'자연을 벗으로 삼아야 하는 시기'의 항에서 말했듯이 자연 속에 융화되어 자연적인 인간으로 돌아가는 것이 좋다.

레저에는 두 가지의 의미가 있다. 하나는 레크리에이션으로 여가 활동을 말한다. 정력을 회복하여 건강한 체력과 정신으로 일할 수 있도록 글자 그대로 심신을 레크리에이트(재생)하기 위한 활동이다.

일을 하다가 쉬는 시간에는 가벼운 체조를 하거나 산보를 하여 근육을 풀고, 기분 전환을 도모하는 거와 같은 것이다.

다른 하나는 보다 더 근본적으로, 레저가 한 인간의 삶의 문제란 것이다. 레저는 자기의 인생의 시간을 어떻게 사용하는가 하는 문제인 것이다. 자기의 인생을 어떻게 충실하게 보낼 것인가라는 사고방식의 문제이다.

그 사람의 사업관, 직업관, 가정관, 인생관이 투입된 레저관이 없으면 레저산업에 꼭두각시가 된 차용 인생이 되고 말 것이다.

■ 성공할 수 있는가는 가정의 안정에 달려 있다

남자가 성공으로 뻗어 나갈 수 있느냐 없느냐는 그 반 이상이 아내의 책임이라고 해도 좋다. 현재 각계에서 활약하고 있

는 성공자의 90%까지는 아내가 현명한 사람이라고 해도 과언은 아닐 것이다.

경영자에게 부인의 역할은 특히 중요하다. 젊은 사람은 인생 역정 동안 3가지 중요한 선택 중에서 특히 결혼은 깊이 생각하여 결정하지 않으면 안 된다. 왜냐하면 결혼은 취직처럼 싫다고 하여 곧 다른 직장으로 옮기는 것과 같지 않기 때문이다.

양처(良妻)의 조건으로서 다섯 개 항목이 있다고 한다.

첫째, 건강할 것, 둘째, 참다운 노력가일 것, 셋째, 허영심이 강하지 않은 순수한 사람일 것, 넷째, 남에게 호감을 받을 인품일 것, 다섯째, 미인이 아닐 것(즉 냉정하고 권세를 피우는 것 같은 인상을 주지 말 것).

옛날부터 주부의 타입에는 바보에 바보, 약으면서 바보, 바보이면서 약은 것, 약고 약은 것의 네 종류가 있다고 일컬어진다. 바보에 바보는 표면상도 내면상도 모두가 바보, 이것은 처음부터 문제 밖이다.

뜻밖에 많은 것이 약으면서도 바보들이다. 표면상은 그야말로 약삭빨라 보이고 절도가 있는 것 같아서 남편을 리드하려 하지만 지혜는 그야말로 원숭이 흉내 낼 정도밖에는 안 되는 그런 사람들이다.

그보다는 바보이면서 약은 쪽이 훨씬 그 등격(等格)이 높다. 속이 야무진 여성은 표면상은 남편에게 무턱대고 복종하고 있는 것처럼 보이면서도 실제는 뜻밖에도 남편 쪽이 조종당하고 있는 것이 이런 타입이다.

약으면서도 약은 사람이라면 두말할 것도 없다. 남편은 완전하게 모든 것을 맡겨 버릴 수가 있기 때문이다. 악처(惡妻)는 백 년의 부작(不作)이라고 한다.

　아내를 얻을 때에는 신중하게 성격·품성을 꿰뚫어 본 후 결심하는 것 이상으로 중요한 것은 없다.

■ 부부는 상호의존성을 잊어서는 안 된다

　자, 막상 결혼해 버린 사람은 어떻게 할 것인가. '결혼은 사랑의 무덤'이라고 하는데 왜 그러냐 하면, 일단 골인한 뒤 안심하여 방치해 버리기 때문이다. 무엇보다도 처음이 가장 중요한 법이다. 아내가 어떠한 마음가짐을 가져야 하는지를 가르쳐 주지 않으면 안 된다.

　어떤 사람은 신혼 첫날밤 자기가 달성하고 싶은 목표를 종이에 써서 아내에게 보이고 "나는 이러이러한 일을 하고 싶으니까 협력해 달라" 하고 부탁했다. 남편 되는 자는 자기의 삶의 길을 뚜렷하게 아내에게 제시해야 한다.

　본래, 서로 사랑하여 결혼한 사이다.

　순수하게 생애를 함께하려고 결심하고 있는 그러한 아내인 것이다. 남편의 사고방식을 이해하고 또 협력하려고 순순히 남편의 말에 따라 결심할 것은 의심할 여지가 없다.

　그렇다고 하여, 부인이 남편에게 무조건 복종하라는 것만은 아니다. 아내는 남편의 결점과 장점을 누구보다도 잘 알고 있다. 필자가 열정과 혈기로 여러 가지 일에 손을 대려고 하면 아내는 기회를 보아 "그러다가는 무엇 하나 성공 못하지 않을까요?" 하고 조심스럽게 조언을 해 준다.

사나이에게는 평생 동안 두 번이나 세 번쯤은 여성에게도 아내에게도 이해되지 않는, 이것이야말로 절대적인 승부라고 할 수 있는 것이 있는 법이다.

이럴 때에 "사업에서 실패하여 실업자가 되면 당신 한 분쯤은 내가 먹여 살릴 수 있어요. 그러니까 당신이 해 보고 싶은 대로 해 보세요." 하고 격려하는 현부인도 있다.

아내를 좋은 협력자, 좋은 원조자로 만들려면 부부 간의 커뮤니케이션이 잘 이루어져야 한다. 처음에 자기의 사고방식, 삶의 방법, 일에 대한 것 등 아내가 이해해 주었으면 하는 것들을 모두 차분히 이야기해 준다. 그러는 동안 남편의 사고방식을 이해하게 되면 그 이상의 설명은 필요 없게 된다. 이심전심(以心傳心)인 것이다.

아이들의 교육에 대한 것, 교제에 대한 것, 무엇이든지 일일이 지시하지 않아도 만사가 말썽 없이 진행된다. 아내는 가사(家事)의 프로인 것은 물론, 재무부장관, 문교부장관, 보건사회부장관 등, 각 부의 일을 모두 혼자 몸으로 해주고 있는 것이다.

■ 한 사람을 결정짓는 수많은 요소 중 단연 중요한 것

여성의 권리와 직업 능력이 높아짐에 따라 여성은 사회로 진

출하고 싶어 한다.

　가정기능론(家庭機能論)이 활개를 치게 된 것은 이러한 사회적 배경 탓이다.

　기능이라는 것은 남편과 아내가 제 각각의 역할을 하는 것이라고 보는 데에서 나온 말이다.

　실은 기능론이 가정(家庭)의 붕괴 요인(要因)을 안고 있다. 남자와 여자 둘만의 문제라면 좋지만 요컨대 아이들을 어떻게 할 것인가란 문제를 제기(提起)하게 되면 그 결함을 분명하게 알 수 있게 된다.

　'가정'이란 부부와 아이까지를 포함하여 인간이 성장 발전해 가는 것이다.

　완전한 기능을 갖춘 고정된 인간의 공동생활은 절대로 아니다. 서로 변화하고 서로 성장해 가는 인간이 서로서로 영향을 미치면서 또 서로가 격려를 해 가면서 자라나는 것이 가정이다. 그곳에 기능론의 결함이 있다. 이런 이유로 아이들의 양육, 교육은 가정의 가장 중요한 일 중의 하나이다.

　현재의 부인들은 정보화 사회에 살고 있는 탓으로 온갖 지식에 대해서는 참으로 풍부하다. 그리고 또 아이들의 지식교육에는 그야말로 열심이다. 그러나 인간교육에는 지식교육과 함께 가르치지 않으면 안 될 의지교육(意志敎育)이 있다.

　인생은 생각대로 되지 않는다고 말한다. 생각대로 되지 않는 것은 유전과 우연이다. 그러나 생각대로 되는 부분도 있다. 그것이 환경과 의지인 것이다.

　굳센 의지력을 양육하여 창조력이 뻗어날 수 있는 토양과 비료를 주라. 그 비료를 흡수하여 자기의 의지력으로 유전과 우연을 활용하여 자기의 인생을 구축해 간다. 그것이 개성(個性)이다.

강한 의지력과 삶의 본을 보이는 것이 부모로서의 자녀에 대한 가르침이며 또한 교육인 것이다. 그 외에 또 하나 생각하지 않으면 안 될 일이 있다. 부모가 아이의 행복을 바라는 것은 부모의 정으로 당연한 일이다.

그러나 그렇다고 해서 아이의 개성을 무시하는 것과 같은 일을 억지로 강요해도 아이는 절대로 행복해지지 않는다. 아이를 사회에서 자기에게 맡겼다고 생각하는 겸허하고 객관적인 자세를 항상 잊지 않도록 해야 할 것이다.

 MEMO

| 제 5 장 |

매력의 조건

5. 매력의 조건

남을 아는 사람은 현명한 사람이다. 자기 자신을 아는 사람은 덕이 있는 사람이다. 남에게 이기는 사람은 힘이 강한 사람이다. 자기 자신을 이기는 사람은 마음이 굳센 사람이다. 죽어가면서 나는 이것으로 영원히 없어지는 것이 아니라는 깨달음을 얻는 사람은 영원한 생명을 얻는다.

〈노 자〉

내일 일을 위하여 염려하지 말라. 내일 일은 내일 염려할 것이요, 한 날 괴로움은 그 날에 족한 것이다.

〈예수 그리스도〉

■ 사람을 겉모습으로 판단해도 된다?

필자는 직업상 온갖 사람과 만난다. 전혀 모르는 사람이 갑자기 방문을 하는 수도 있다. 그럴 때 내 나름의 인물 감정법으로 관찰한다.

첫째, 복장에 주의를 한다.

청년은 청년다운 검소하고 청결한 느낌을 주는 몸차림을 하고 있으면 호감이 간다.

회사의 간부가 아무리 검소함을 미덕으로 삼는다 하나 초라

하기 짝이 없는 차림을 하는 데는 별로 찬성할 수가 없다. 반대로 젊은 사람이 영국제 양복을 입고 금시계를 차고 악어 가죽 허리띠를 두르고 듀퐁의 라이터로 외국제 담배를 피우고 있는 것 따위는 꼴불견이다. 자기 힘으로 번 돈으로 치장하는 것이라면 모르지만 대개는 부모의 기름을 짜내서 꾸미는 것이므로 신뢰가 가지 않는다.

복장은 자기 신분에 걸맞는 것이 우선 첫째 조건이다.

둘째, 청결함에 있다. 아무리 훌륭한 옷차림을 하고 있어도 옷깃이나 소매 자락에 때가 묻어 있으면 불쾌감을 줄 뿐이다.

셋째, 조화(調和)에 있다. 젊은이는 외양에 신경을 쓰는데 그같은 태도는 바람직하다고 할 수 있다. 외양에 신경을 쓰게 되지 않으면 인간은 마지막이다.

또한 옷차림의 주류도 시대와 함께 변해 가는 것을 알 수가 있다. 풍속은 시대와 함께 변해 가는 것이며, 유행의 기수가 젊은이라는 것은 어느 시대나 변함이 없는 진리(眞理)다.

그러나 복장은 그 사람의 사고방식의 표현이다. 히피풍의 옷차림은 히피적 사상의 소유자이기 때문에 그런 옷차림을 하게 되는 것이다. 그리고 유행의 한 모퉁이만을 빌려 쓸 뿐인 자기 자신의 속마음과 밸런스가 맞지 않는 복장은 그야말로 빌려 입은 거와 같고 또 광대차림과 같은 것이라고 할 수 있다. 밸런스와 하모니가 없는 옷차림은 오히려 개성적일 수가 없다. 직업인의 복장은 일(비즈니스)을 하는 자세를 나타내는 것이 아니면 안 된다.

넷째, 보기 좋은 겉차림은 속이 알차야만 비로소 돋보이게 된다.

"저분 차 멋진데."라고 겉모습에 호감을 갖고 교제를 시작했는데 대화 중에 저속함, 품성의 저열함이 보이게 되면 상대방은 환멸을 느낄 것이다. 사람의 외양은 잠깐이지만 내면에서 우러나오는 품성은 오래 지속되는 것이다.

■ 눈은 영혼이 드나드는 창이다

필자가 처음 만나는 사람에 대한 인물 감정법의 둘째 착안점은 눈이다.

"눈은 마음의 창"이라고 한다. 눈의 움직임이 안정되어 있지 않은 사람은 주의를 해야 한다.

눈동자가 항상 빙글빙글 도는 사람은 마음이 안정되지 않는 사람, 자신이 없는 사람이다. 엉터리 상품의 세일즈맨 등은 계속 눈동자를 돌리면서 안정되지 않는 자기의 마음을 속이려고 떠들어 댄다.

이야기할 때는 상대방의 눈을 바라보면서 이야기해야 한다. 이것은 중요한 일이다. 눈길과 눈길이 마주치면 거짓말을 할 수가 없다. 그러는 데에서 마음의 교류가 시작된다.

연인끼리는 서로의 눈동자를 들여다보는 것만으로 서로의 의사를 소통할 수 있다.

해맑은 눈동자를 가진 그대에게 사랑을 느꼈다는 것은 과거의 이야기만은 아니다.

'눈매는 입에 뒤지지 않을 정도로 말을 한다'고 할 수 있다. 그러나 내가 특히 젊은이와 만나 이야기를 할 때 주의를 하는 것은 그 눈동자 속에 싱싱한 적극성이 있느냐 없느냐 하는 점이다.

인간은 감정을 나타내는데 얼굴 전체의 표정을 이용한다. 그 중 잘 나타나는 것은 입이다. 입은 움직일 수가 있는 것이기 때문이다. 울거나 웃거나 노하거나 하는 감정은 입의 개폐(開閉), 그 모양에 가장 잘 나타난다.

우아한 웃음은 그 사람의 인품을 말해 준다. 그러나 실은 눈의 움직임, 빛남이 없으면 입매의 변화만으로 모를 경우가 많다. 입매 다음으로 변화가 그처럼 많은 것이 눈인 것이다. 그러니까 '눈은 마음의 창'이라는 말은 진실이다.

마음속에 그늘이 졌거나 또 거짓이 있거나 야비한 구석이 있으면 대개의 인간은 눈매에도 그 그늘이 힐끗 나타나게 된다. 지성, 교양의 깊이, 신념도 눈동자가 빛남으로써 표현된다. 눈은 인간의 매력의 중요한 부분을 차지하는 포인트 중 하나다.

"사람은 40세가 지난 뒤라면 자기의 얼굴에 책임을 져라"라고 말하는데 얼굴은 바로 인간의 개성-전 인격을 대표하는 것이라고 할 수 있다.

■ 여유 있는 걸음걸이에서 모든 것이 드러난다

인간의 걸음걸이는 뜻밖에도 성격을 말해 주는 경우가 많다. 성급한 사람은 종종걸음을 걷고, 본래 느긋한 사람은 걸음걸이까지 왜 그런지 느긋하다. 웬만한 일로는 달리거나 종종걸음을 치지 않는다.

큰 인물은 걸음걸이까지도 왕족의 품격이 있다. 마치 호랑이 걸음처럼 유연하게 걷는다. 필자는 사람이 방문해 올 때 그 사람이 방으로 들어오고 나가는 걸음걸이를 조심히 살핀다.

얼핏 보기에 몸집이 큰 사람은 느긋한 듯이 보이고 작은 사람은 종종걸음을 치는 듯이 느껴지는 경우도 있지만 역시 품격은 체격이 크고 작음에 따라서 결정되는 것은 아니다. 그 인물 전체에서 스며 나오는 전체적인 느낌이다.

그러나 그 풍격의 요소가 무엇인가, 어떻게 하면 그러한 풍격이 갖춰지는가, 이에 대해서는 과학적으로 검증할 수도 없을 것이고, 증명할 수도 없을 것이다.

오로지 할 수 있는 말은 결국은 "그 사람의 마음가짐, 남과 접촉하는 태도, 인간관(人間觀), 인생관(人生觀) 등이 태도, 거조(擧措), 행동 등으로 자연이 밖으로 스며나오는 것이리라"는 점뿐이다. 그렇게 밖에는 생각할 도리가 없다.

일반적으로 첫인상이 좋게 느껴지는 것은 자세가 바르고 (그렇다고 해서 딱딱한 자세를 의미하는 것은 아니다), 여유가 있어 보이고 그야말로 정신이 안정되어 있음이 밖으로 스며나오는 것과 같은 그러한 태도다.

자신이 있으면서도 오만하지 않고 자질구레한 일에 신경을 쓰지 않는 넓은 마음과 상대방에 대한 관대한 이해 등 이러한 것들의 총화가 밖으로 스며나오는 사람은 반드시 첫인상이 좋다.

반대로 고집이 세고, 자기중심적이고, 묘하게 허세를 피우거나 오만한 태도는 첫인상이 나쁘기 짝이 없다.

특히, 여성은 남자를 지식이나 능력으로는 평가하지 않는다. 그러므로 남을 이해해 주지 않는 자기중심적인 남성은 여성들이 싫어한다. 이러한 의미에서 남자가 사랑을 하고, 여자와 만나고, 여자 때문에 애를 먹어 보면 사람이 된다는 말이 전해져 오는 것이다.

■ 가슴 속에 서린 정열과 신념으로 부딪혀라

목숨도 필요없다. 공명도 필요없다. 그저 대의와 신념 때문에 일할 뿐이다라는 생각을 품은 사나이만큼 무서운 것은 없다.

필자는 박력이라는 말이 아주 좋다. 박력이 있는 사람에게는 첫눈에 반해 버린다.

무슨 일인가 정신을 쏟아 정열을 불태운 상태가 되면 자연히 박력이 스며나온다. 야구선수가 이번만은 반드시 공을 때려야지, 할 때의 모습에서는 왠지 박력이 느껴진다.

'저 사람 쳐 내겠구나' 하고 생각한 대로 반드시 쳐낸다.

이름 있는 경영자라고 해도 과거 몇 번인가 궁지에 몰린 경험을 갖고 있는 사람들이 대부분이다. 이만큼의 돈이 없으면 회사가 망해 버린다고 할 때, 그들은 돈을 변통하기 위하여 은행을 찾을 때 은행 직원들은 그의 박력에 압도당하여 돈을 빌려 준다. 물론 박력뿐만 아니라 예전부터 쌓아온 신뢰도 있기 때문일 것이다. 은행가에게는 또한 장래에 대한 계산도 있을 것이다. 그러나 현실주의적인 금융가라면 빌려주지 않을 그러한 사태에서도 돈을 빌려주는 것은 역시 박력의 힘이 크게 작용한 탓이라 해도 좋을 것이다.

속에 서린 정열과 신념이 저절로 밖에 드러난 것이 바로 박력이다. 적극적인 자세가 남에게 박력을 느끼게 한다.

평소에 말재주가 없는 사람도 무엇인가 목적을 달성하고 말겠다는 마음으로 불타고 있을 때에는 말이 술술 나오고 정열어린 설득을 하게 된다. 듣는 사람은 그 사람의 박력에 압도

당해 감동을 받는다. 그것이 남을 움직이는 매력이 되어 방출된다.

사나이는 언제나 '그렇게 해라'라는 것은 아니지만 때로는 미친 사람처럼 정열을 불태우고 박력을 넘쳐흐르게 하여 난관에도 부딪쳐 볼 필요가 있다.

■ 상대를 파악하는 예민한 촉각

필자는 처음으로 대면한 사람은 앞에서 말한 복장, 눈의 움직임, 방으로 들어올 때 나갈 때의 걸음걸이에 집중하지만 더욱더 집중하는 것이 있다면 10분 동안 서로 이야기를 나누면서이다.

10분간 얘기를 나누다 보면 어떠한 직업을 가진 사람인가, 어떠한 지위에 있는 사람인가, 또 어떠한 처지에 있는 사람인가를 알 수 있다. 그리고 인품도 대개 어림잡아 알 수가 있다.

요즘에는 분망하여 그러한 기회가 없지만 예전엔 기차를 타고 여행을 다녔다. 주변의 인물을 관찰하면서 무엇을 하고 있는 사람인가, 어떠한 사람인가를 곧잘 추측하곤 했다.

이윽고 이야기를 꺼내 잡담을 나누는 동안에, 나의 추측이 맞았는지 틀렸는지 확인하게 되므로 더욱 즐거웠다.

어느 날은 시골 할머니가 이야기를 걸어와 세 시간 대화를 한 적도 있다.

대화를 나누며 즐기기 위해서는 상대방의 수준과 처지가 되

어서 생각하고 상대방을 즐겁게 해 주자는 배려가 없으면 안된다. 시골 할머니에게 걸맞는 화제(話題)를 계속 이끌어내는 것은 결코 쉬운 일은 아니다.

그러나 동시에 그러한 세상사 이야기 속에서도 그 지방의 인심이나 산업상의 변화를 비롯하여 시고부 사이, 손자를 보살피는 일 등의 인정의 기미를 배울 수 있었다.

그런데 필자는 최초의 10분간 얘기를 하는 동안에 24시간의 태도를 상정(想定)한다. 잡담이라면 화제를 그러한 방향으로 이끌고 가고, 면접시험이라면 주저 없이 물어 본다. 재미있는 일은 24시간의 생활 태도가 얘기하는 그 말과 태도에도 그대로 나타난다.

흐트러진 생활을 하고 있는가, 청결한 생활을 하고 있는가,

평범한 샐러리맨인가, 시간을 무시하고 일에 정진하고 있는가 등이 자연스럽게 나타난다.

다른 하나는 상대방의 말투에서 직업을 알 수 있다는 점이다. 교원, 세일즈맨, 경영자 등 사람들과 자주 만나고 사람을 상대로 의논하고 설득하여 이끌어가지 않으면 안 될 사람은 얼굴의 하반 특히 턱의 근육이 발달하는 모양새다.

또 사람들과 자주 만나는 사람은 웃음의 효용도 잘 알고 있다. 따뜻하고 인상 좋은 웃음을 웃으려고 마음을 쓰는 사람은 얼굴 하반의 근육이 부드럽다. 즉 자기 표현력을 알 수가 있다.

또 사람은 꾹 참으려고 할 때든지 힘을 주려고 할 때에는 생리적으로 자연히 이를 악물게 된다. 일반적으로 턱의 발달은 역할에서는 의지력을 말해 주는 것이라고 하는데 여기에는 일리가 있다.

이런 면에서 볼 때, 최초의 10분 동안 그 사람의 얼굴의 하반이 어떻게 움직이는가를 보고 있으면 대개의 인물을 상정(想定)할 수가 있다.

■ 한결 같은 모습이 신용과 신뢰를 약속해 준다

나의 인물 감정법의 다섯째 착안점은 이야기의 내용이다.

단 한 번의 용건으로 2~3분 만날 뿐인 사람은 별도로 치고, 앞으로도 계속 교제할 상대라면 그 후에 다시 만날 기회가 있다.

또 단 한 번의 용건으로 만난 사람과 그 뒤, 차안이나 어떤 회합 장소 같은 곳에서 우연한 기회에 다시 만나는 경우도 있다.

물론, 그 사이 한두 달 때로는 몇 달의 세월이 흐르고 있는 경우가 많지만 이렇듯이 다른 날, 다른 장소에서 세 번 가량 만나 서로 환담을 나누노라면 비교적 자세하게 그 사람의 인품을 알 수가 있다. 즉 세 번 모두 태도가 변함이 없고 말투도 변하지 않으면 우선 신용할 수 있는 인물이라 해도 좋다.

처음에 무언가 의뢰하러 왔을 때에는 저자세였다가 다음에 어떤 회합에서 우연히 만날 때에는 주위의 사람들에게 신경을 쓰는 탓인지 몹시 거만한 태도를 취하는 사람이 있다.

또 그 반대의 태도를 취하는 사람도 있다. 이처럼 주위의 상황에 따라 두드러지게 태도가 변하는 사람은 그다지 신뢰를 할 수가 없다.

다음에는 이야기의 내용이다. 환담이니까 별로 특별한 테마를 가지고 이야기하는 것은 아니지만 그래도 지금 하고 있는 일에 대한 이야기, 앞으로 하려는 일에 대한 이야기, 취미, 교제, 관계 등이 화제에 오른다.

그러한 이야기를 통해서 그 인물의 일이나 사업에 대한 자세, 생활 태도 등을 추측할 수가 있다. 그러나 그 사람의 자세가 만날 때마다 달라진다면 주의해야 한다고 생각한다.

다른 항에서도 말했지만 사람에게는 변하는 목표와 변하지 않는 목표가 있다. '나는 이 일을 평생을 통해 크게 이루고 싶다'든가 '나는 이렇게 살아가겠다', '이러한 인간이 되고 싶다'는 등 즉 장기적 인생 계획이라든가 생활신조라든가 신념은 변하지 않는 목표다. 이 변하지 않는 목표가 흔들흔들 변해 가는 인물은 그다지 믿을 수가 없다. 특히, 서른 살이 지난 당당한 한 사람의 성인일 경우는 더욱 그렇다.

복장에 있어서도 그렇다. 얼마 전까지는 무척 호화스러운 복장을 하고 있었는데 이번에는 터무니없이 검소한 복장을 한 경우에는 경제적으로 막혔다고 해야 맞을 것이다. 왜냐하면 같은 사람이 화려한 생활 태도를 취하다 갑자기 검소한 생활로 바뀐 데에는 그만한 일이 있었다는 증거이기 때문이다. 이렇듯 옷차림을 통해서도 그 사람의 생활을 추측할 수 있다.

신용과 신뢰는 장기간의 실적-생활 태도라고 해도 좋다-의 중첩에 의해서 쌓기 때문이다.

■ 경험이라는 다양한 물감을 가지면 멋진 그림을 그릴 수 있다

훈련에 의하여 끈기와 감투의 정신이 배양된다는 것은 틀림없는 사실이다. 동시에 무엇인가를 달성했다는 데에서 자신감도 북돋아진다.

비실비실한 개는 싸움에 이긴 경험이 없으므로 항상 빌빌거린다. 싸움에 한 번이라도 이겨 본 경험이 있는 것이 그만큼 중요한 것이다. 실패를 열 번 거듭했으니까 다음에는 반드시 성공한다고 보장할 수가 없다. 실패의 원인을 분석하여 경험을 쌓았는데도 다시 실패하는 사람이 있다. 운(運)이 없기 때

문이라고들 말하는데 운은 99%까지 스스로 만들어가는 것이다. 그러므로 자신감을 가질 것, 무엇이든지 좋으니까 성공한 경험을 가질 일이다.

다른 하나는 자신감은 익숙한 환경에서도 붙게 되는 법이다. 처음 일류 호텔의 레스토랑으로 초대를 받았을 때에는 누구나 긴장하기 마련이다. 그러나 한 번 가본 경험이 있으면 두 번째부터는 그다지 긴장하지 않는다. 그러니까 무리를 해서라도 무슨 일이든지 일류의 것을 경험해 봐야만 한다. 일류의 미술품, 일류의 건축물, 일류의 연극… 견문을 넓히는 것이 자신을 배양하는 가장 좋은 훈련이다. 그러므로 여행은 많이 하는 것이 좋다.

특히 중요한 것은 뛰어난 인물들과 가능한 한 친근하게 접촉해야 한다는 점이다.

'나는 그와 대등하게 서로 논쟁을 할 수가 있었다'라는 마음이 그대로 자신감이 되는 것이다.

자신감이 있는 사람은 남을 부러워하거나 초조해 하거나 질투하지 않는다. 그는 그, 나는 나라는 자존심이 있기 때문이다. 자존심이란 자기를 소중히 아끼고 존중하는 마음이다.

자신과 자존심은 표리(表裏) 관계에 있다. 그것이 그대로 마음의 여유가 되어 밖으로 나타나는 법이다.

■ 백 명을 움직이는 것은 한 사람의 넓은 마음이다

"그 사람이 있기만 해도 일이 원만하게 되어 돌아간다"는 말을 듣는 사람들이 있다. 또 어떤 사람이 빤히 쏘아보면서 제발 부탁할 일이 있다고 해올 때에는 절대 거절할 수 없는 그런 사람이 있다.

인품이 좋기 때문이라든가, 된 인물이라고들 말하는데 그러한 사람들이 반드시 갖추고 있는 조건은 한 마디로 말하면 '포용력'이라고 해도 좋을 것이다.

포용력의 첫 번째 내용은 관용, 관대함에 있다. 관대, 관용은 자기에게는 엄해도 남에게는 관대함을 말한다.

남의 위에 앉는 사람은 자기가 완전하다고 하여 남의 결점만을 찾아내고 있다가는 만족할 도리가 없게 된다. 자기의 눈으로 보아 기껏 80점 정도라면 "잘했어."하고 칭찬할 정도의 마음이 없으면 사람들이 따라오지 않는다.

둘째로 따뜻함이 있어야 한다. 인정 있는 사람은 상대방에 대하여 배려를 해준다. 자기에게 누군가 해 주었으면 싶은 것을 남에게 해 주려는 마음을 지니고 있다. 자기중심적으로 생각하지 않는다. 그러므로 남의 마음도 잘 알 수가 있다.

그리고 **셋째는 깊은 이해심이 있다.**

포용력이 있는 사람은 순수한 마음으로 남의 말을 듣는다. 좋다고 여겨지면 허심탄회하게 받아들인다. 마음을 활짝 터놓고 남과 이야기를 할 수가 있는 이해심이 있는 사람이다.

넷째, 절대로 남을 원망하거나 질투를 하지 않는다. 남의 공은 공으로 인정해 주고 자기 잘못은 솔직하게 인정한다.

오히려 본래는 자기의 공이라도 가능한 한 주위 사람이나 부하에게 양보하려 하고 반대로 책임질 일은 자진하여 자기가 뒤집어쓰려고 한다.

이러한 태도를 가진 사람이라면 어떠한 사람이라도 그 인간미에 감동해 심복(心腹)치 않을 도리가 없을 것이다. 포용력 있는 사람은 조그마한 일에 곧 화를 내거나 소리치거나 하지 않는 법이다.

필자가 좋아하는 글 중에 '경천애인(敬天愛人)'이라는 것이 있다. 그야말로 하늘을 숭배하고 사람들을 좋아했던 모양이다.

역사상 위대한 지도자를 비롯하여 대사업가라고 불리운 사람들도 한결같이 사람들을 좋아한 모양이다.

포용력의 근본은 사람을 좋아한다는 점, 남을 사랑한다는 마음에 있다고 생각한다.

■ 무서운 결단력을 가진 사람이 리더가 된다

어떤 회사의 사장 중에는 대단한 공부벌레가 있다. 베스트셀러의 경영서는 무엇이든지 읽는다. 또 이곳저곳의 세미나에 잘 참석한다. 경영에 대한 것이나 세상사에 대한 것들도 참으로 많이 알고 있다.

회사에 일이 생기면 사람들이 의논하러 온다. 그러면 신중하게 연구하여 해결책을 제시해 준다. 반대로 결단을 내리지 못하고 우유부단한 오너는 회사에 문제가 발생해도 아무런 수단과 방법도 강구하고 있지 않으므로 자꾸자꾸 악화일로를 더듬고 있을 뿐이다.

사업경영에 있어서 우유부단만큼 죄가 무거운 것도 없다. 무엇인가를 선택하여 빨리 수단을 강구하지 않으면 안 되므로 결단력이 필요한 법이다. 결단을 내리지 않아도 될 일이라면 두말 할 것 없다. 그런데 결단을 내려야 할 일을 하루 하루 연기해 간다면 결과가 악화될 것은 불을 보듯 뻔한 일이다.

결과를 충분히 알 수 있는 일에 대하여 결심하는 것은 결단이라고 할 수 없다. 결과를 알 수 없기 때문에 결단이 필요한 법이다. 결단은 지식량으로 결정되는 것이 아니다. 물론 결단을 내리기 전에는 충분히 신중하게 생각해야 한다. 중대한 결단을 내리려면 위가 쓰릴 때까지 생각해야 한다. 그런 뒤에 70%의 승산이 있으면 결단을 내려야 한다.

결단이란, 두말 할 것 없이 실행한다는 것을 의미한다. 서로

　모여서 의논을 하지 않고, 의논을 하고서도 결정을 하지 않고, 결정을 내리고도 실행하지 않는 것을 나는 괴의(怪疑)라고 이름 붙였는데 회의에서 결정하더라도 실행하지 않으면 죽도 밥도 안 된다. 결단은 실행력의 뒷받침이 없으면 무의미하다.

　우유부단한 사람이 있다. 점심 식사에 무엇을 먹을 것인가를 결정하는 데도 옆 사람이 안달이 날 만큼 결정을 못 내리는 사람이 있다. 자기 몸의 상태, 자기의 허기진 정도, 자기가 좋아하는 음식의 종류 등의 조건을 생각하면 그렇게 시간을 허비하지 않더라도 결정할 수 있는 일인데 말이다.

　이와 관련하여 말할 수 있는 일인데 몸의 상태가 나쁘면 결단력도 약해진다. 단호한 의사 결정을 내릴 수 있는 것도 건강과 기력이 뒷받침 되어야 한다.

책임을 지겠다는 각오가 없으면 결단이라고 할 수가 없다. 성과가 좋지 않을 때의 책임은 자기가 지고, 좋을 때의 공은 남에게 양보하려는 넓은 도량과 포용력도 결단력이 없으면 타이밍을 잃는다.

"엿새의 창포(菖蒲), 열흘의 국화(菊花)"는 모두 결단하는 데 서투르기 때문인 것이다. 그러나 인생에는 성급히 결단을 내리지 않더라도 시간이 해결해 주는 일도 있다.

■ 순식간에 해치우는 민첩함을 보여라

"일을 부탁하려면 바쁜 사람에게 부탁하라"라는 말이 있다. 바쁜 스케줄을 쉽사리 소화하는 사람은 일을 빠르게 처리하는 방법을 알고 있다. 기민한 행동력을 갖추고 있으므로 부탁받은 일을 곧 스케줄 속에 짜넣고 처리해 주기 때문이다.

지금까지 지식인은 서재파였다. 서재에 틀어박혀 사물에 대하여 생각하는 타입이 많았다. 그러나 앞으로 사회에서 성공할 타입은 지적 행동파(知的行動派), 행동적 지식인(行動的知識人)이다. 생각한 일을 실행하고 실행한 일을 깊이 생각하고 반성해서 또다시 행동으로 옮기는 사람이어야 한다.

사람은 외향성(外向性)과 내향성(內向性)의 성격 타입이 있다. 외향성 성향의 사람은 선뜻 행동한다. 몸의 움직임이 재빠르다. 무엇인가 하려고 마음먹으면 이내 행동으로 옮긴다. 남과 만나는 일도 꺼리지 않는다.

그와 반대로 내향성 성향의 사람은 좀처럼 움직이지 않는다. 생각은 깊지만 행동을 취할 때까지 상당히 시간이 걸린다. 신중히 하는 것은 좋지만 그것이 우유부단, 행동력 부족에 빠지기 쉽다.

필자는 어떻게 행동해야 할지 고민이 될 때 다음과 같은 방법을 취한다.

첫째, 무엇을 하더라도 실패해 보았자 본전이다. 남과 만나 창피를 당해도 창피를 당하는 것은 젊을 때뿐이다라고 결심하는 일이었다. 이렇게 생각하니 뜻밖에도 편한 마음으로 행동할 수가 있었다.

둘째, 행동력 있는 사람에게 가능한 한 접근하여 흉내를 내는 일이었다. 다행히 주위에 행동력이 있는 선배가 있었다. 그가 하는 것을 잘 보고 흉내를 냈다. 이것은 행동력에 한하지 않고 성격의 개조에도 가장 좋은 방법이라고 생각한다. 자기와 반대 타입의 사람에게 접촉하면 자연히 그의 장점을 흡수할 수가 있는 것이다.

셋째, 인생에 대한 근본적인 사고방식의 문제인데 항상 '이 순간은 두 번 다시 찾아오지 않는다', '이 기회는 두 번 다시 없을지 모른다'라고 필요 이상으로 때를 의식하는 일이다.

이 강렬한 동기가 행동력을 지탱해 주는 토대다. 물론 그 곳에는 가치 판단이 작용한다. 그래서 조금이라도 가치가 많은 일을 하자는 행동 기준이 생겨나게 되는 것이다.

■ 누가 뭐라고 해도 변하지 않는 꾸준함에는 묘한 매력이 있다

의지가 강한 사람에게는 매력이 있다. 몸집은 작아도 믿음직스럽게 느껴진다. 그의 의지력이야말로 완전히 후천적 능력이라 해도 좋다. 태어나면서부터 의지가 강한 사람은 거의 없다.

성장과정에서 환경에 영향받아 양육된 무기인 것이다.

회사에서 인재를 키우는 것도 인재가 자라날 토양조성을 하지 않고 그저 세미나를 열거나 터무니없이 스카웃만 해서는 절대로 좋은 인재를 만들 수 없다.

개인의 경우도 마찬가지다. 의지력을 강하게 하려면 우선 그런 환경 속에 스스로를 던져야 한다. 의지가 강한 사람과 접촉하고, 의지 단련이 될 수 있는 제도나 시설을 이용한다.

예를 들면 서클에 가입하거나 야학을 다니는 등, 계속해서 하지 않으면 안 될 일을 스스로가 짊어지는 것이다. 또한 환경의 강제를 이용하여 의지력을 단련할 수도 있다.

"계속은 힘이다"라는 말도 있듯이 무엇이든지 1만 번 이상 되풀이하면 초일류급이 된다. 초일류가 되는 과정이 괴롭지만 터널을 뚫고 나가면 밝은 세계가 열린다는 것을 생각해야 한다.

목표 의식을 명확히 하는 것이 끈기를 양성하는 요체다. 목표의식을 가지고 석 달 동안 계속 반복하면 그것이 습관이 된다. 습관이 되면 그 뒤에는 편하게 목표를 달성할 수가 있다.

또 감정을 억제하는 능력이 없는 사람은 고집쟁이고 자기중심적 욕구를 표면에 나타내기 쉬우므로 남들이 싫어한다.

■ 한결 같은 모습이 최고의 신용장이다

명예욕(名譽慾), 권세욕(權勢慾)이 인간을 향상 발전시켜 가는 데에 있어서 가장 큰 동기가 된다는 것은 부정할 수가 없다. 그러나 젊은이들이 이러한 명예심, 권세욕을 경멸하는 것은 바람직한 일이다. 오로지 사회의 상층부에 올라가 권세를 가지고 부도어음과 같은 명예만을 내밀어 봤자 의미가 없다.

명예나 권세도 알맹이가 없는 이름뿐인 장식이라면 그러한 것을 고마워하는 쪽이 머리가 조금 잘못된 사람이다. 하지만 참다운 명예란 무슨 일에 있어서든지 장기간에 걸쳐 배양해 온 실적에 대한 신용장인 것이다. 오랜 시간 한 가지 일을 계속하여 실적을 착실하게 쌓아가는 것은 쉬운 일이 아니다. 가장 인간적인 사람만이 할 수 있는 존귀한 행위이다.

"계속은 힘이다"라는 것은, 무슨 일이든 한 가지를 몇 번이고 되풀이 연습함으로써 숙련되고 완성되어 가기 때문이다. 그리고 그것이 완성되었을 때, 그것은 본인에게 있어서 가장 믿음직스러운 힘으로 성장되어 있게 마련이다.

그 하나가 앞의 항에서 말한 신용이다. 신용이란 "사람의 말을 쓰는 것이다"라고 쓴다고 하는데, 자기의 말을 받아들여 주는가, 받아들여 주지 않는가는 그 사람의 신용도로 결정된다.

그 신용은 하루아침에 생긴 것이 아니다.

오늘날의 비즈니스는 이 신용을 지반(地盤)으로 삼고 있다고 해도 과언이 아니다. 그러므로 신용은 비즈니스맨이 지녀야 할 첫째가는 조건인 것이다.

그에 대하여 필자는 "사람은 신용할 수 있어도 사람의 행위는 신용할 수 없다"라고 생각한다.

인간은 연약한 존재이다. 언제 어떠한 잘못이 일어날지 모른다. 일천만 원으로는 끄덕도 없던 사람이 이천만 원을 맡겼더니 가지고 도망을 갔다는 이야기도 들었다. 그렇다면 그 사람의 신용한도는 일천만 원이었다고 할 수 있다.

현대와 같은 화려한 사회에서는 겉보기에 그야말로 신용할 수 있을 듯한 인물이 많다. 또 한때 화려하게 무대에 등장한 사람도 있다. 그러나 장기적으로, 지속적으로 신용을 쌓아간다는 것은 어려운 일이다.

신용은 살아가는 데 있어서 귀중한 재산이라는 것을 잊어서는 안 된다.

■ 자신의 강점을 극한까지 끌어 올려라

현대는 '개성개발시대(個性開發時代)'라고 해도 과언이 아니다. 일하는 사람 모두가 '개성적'이기를 바란다. 기업이나 조직도 개성적 인간을 요구하고 있다. 개성은 70년대 이후로는 성공의 조건 중 하나다.

만능나이프란 것이 있다. 나이프, 포크, 마개, 따개 등의 일곱 개의 도구가 들어 있는데 대개는 그 하나하나가 약하다보니 그다지 쓸 만한 물건이 못 되는 경우가 많다. "만능은 단능(單能)보다 못하다"라는 말이 들어맞는 경우다.

그 각각의 단능이 백점의 만능이라면 더 말할 것 없다. 그러나 그 각각의 단능이 70점쯤의 만능이라면 그 어느 것 하나라도 1백점의 단능 쪽이 얼마나 도움이 되는지 모른다.

'만능 OO'이라는 것은 대개 값싸고 편리한 것이지만 역시 그만한 값어치밖에는 지니지 못하고 있는 법이다.

학교 성적도 전 과목이 모두 70점이기보다는 그 중 한두 개는 50점이라도 그 대신 다른 과목이 백점인 쪽이 훨씬 장래가 유망하다.

"결점(缺點)이 없는 것이 결점"인 인물보다는 결점은 있지만 두드러진 장점이 있는 인물 쪽이 대성할 가능성이 높다.

사회에는 각각 지닌 맛이 있다. '지닌 맛을 살려라'라는 것은, 자기의 참다운 가치를 발굴하여 개발하라는 말이다.

자기의 장점이란 무엇인가를 분명히 파악하여 그것을 기르도록 노력해야 한다. 그런데 여기서 한 가지 주의해야 할 것은 적성(適性)을 너무 좁게 생각해서는 안 된다는 것이다. '나는 이런 일밖에는 어울리지 않는다'라고 한정적(限定的)으로 생각하지 말아야 한다는 말이다. 먹어 보지도 않고 입맛에 맞는지 안 맞는지 어떻게 알 수 있을 것인가.

맛보지 않고, 싫어하는 태도가 가장 나쁘다. 젊었을 때에는 적극적으로 '무엇이든지 해보자'라는 기백을 가져야 한다.

인간처럼 광범위한 적응력을 갖춘 동물은 없다.

능력이 뻗어나는 데 장애가 되는 것은 지적능력(知的能力)이나 신체적 능력보다도 본인의 성격이나 태도에 그 원인이 있는 경우가 많다. 자기 스스로 '이것은 안 된다'라고 생각하는 데 있다고 해도 좋다.

한 마디로 자기의 장, 단점을 안다는 것은 좀처럼 어려운 일이다. 스스로를 잘못 보고 있을 경우가 많다.

평가를 올바르게 내리기 위해서는 올바르게 평가를 할 수 있는 기회를 가능한 한 많이 가져야 한다. 기회는 시행착오(試行錯誤)를 일으키면서 성장해 가는 과정에서 생겨나는 것이다.

■ 일만 하고 놀지 않으면 바보가 된다

매력이 있는 사람은 대개 놀기도 잘한다. 스스로도 즐기며 주위 사람들도 즐거운 기분이 들게 한다.

스포츠 등 취미활동도 물론 좋지만 젊은이들에게는 걸프랜드와 데이트를 하는 것도 공부다.

여성의 남성평가법(男性評價法)은 남성의 남성평가법과는 상당히 다르다.

남성의 평가법은 "회사에서는 그놈은 일을 잘해."라든가, "솜씨가 좋아."라는 말을 듣는 것을 첫째로 삼지만 여성의 평가법은 객관적이고 감각적이므로 남자의 머리가 좋고 나쁜 것, 지식이나 기술 등은 그다지 문제 삼지 않는다. 직감적으로

남자의 질을 가려보는 후각을 가지고 있는 모양이다.

  여성은 자만스러운 자, 거만스러운 자, 자아의식이 너무 강한 남자를 좋아하지 않는다.

  한 마디로 말해 자기중심적이어서는 여성과 접촉할 수가 없다. '남을 생각해 줄 수 있는 사나이'라는 것이 연령 여하를 막론하고 여성이 꼽는 매력 제일의 조건이다.

  그리고 여자는 이기적이다. 자기 자신을 언제나 중심으로 하여 소중히 아껴 주기를 바란다. 이것은 남성에게는 무척이나 인내력이 필요한 일이다. 여성에게 환영을 받으려고 생각하면 무척 인내력이 강하게 에스코트하는 정신을 배양하지 않으면 안 된다.

  여성을 알게 되면 남자는 대체적으로 인내력이 강해지고 참

을성이 있게 되는 모양이다. 남자는 여자를 통하여 남에 대해서 무엇을 할 것인가 어떠한 자세를 취할 것인가를 배우는 셈이다.

이러한 훈련은 남녀관계, 결혼생활에 지혜를 줄 뿐만 아니라 인생을 살아가는 데 있어서도 무척이나 귀중하다.

소위 인생의 기미, 인정의 기미를 알게 된다.

진지하고 착실한 것만이 장점이라는 딱딱한 사람은 그 나름대로 훌륭하기는 하지만 때때로 남의 행위에 대하여 지나칠 정도로 비판적이고 포용 범위가 좁다. 인정의 기미를 모르기 때문에 자로 인간을 재려는 좁은 아량밖에는 못 갖게 된다.

자기 자신에 대해서는 준엄하리만큼 엄하지만 남에 대해서는 관대한 것을 포용력이라고 한다. 이것은 인간의 매력, 특히 리더십에 있어서 중요한 포인트다.

■ 젊음이 힘이다

건강은 매력 있는 사람이 갖추어야 할 가장 기본적인 조건이다.

창백하고 병기(病期)가 있는 사람은 남을 끌어당기는 매력이 없다. 병이 없는 데도 수면 부족이거나 피로가 쌓이면 얼굴에 먼저 나타난다. 얼굴의 상이 달라진다.

얼굴에 광택이 있고 탄력이 있는 사람은 남의 마음을 사로잡는다. 건강한 사람은 활력이 있다. 몸이 생각한 대로 움직이기 때문이다. 몸이 경쾌하고 활동적이면 마음도 기민하게 된다.

젊음이란, 항상 새로움을 추구한다. 모든 일에 대해서도 "어머나!"라고 감탄하고 "아니?"라고 눈동자를 반짝이고 "왜 그럴까?"라고 의문을 품는 그러한 마음이다. 외부에 대한 호기심을 품고 탐구해 가며 연구한다.

정신의 젊음이란, 어제의 자기 자신에게서 탈피하여 오늘의 자기 자신으로 다시 태어나는 것을 바라는 의욕과 정열이다. 그러므로 언제나 적극적으로 발랄하게 무슨 일이든 부딪쳐본다.

정신적 젊음은 건강과 표리일체의 관계에 있다. 몸의 컨디션이 나쁠 때에는 기분도 좋지 않다. 기분이 좋지 않으면 소극적인 생각만이 머리에 떠오른다.

호기심도 우러나지 않고, 흡수력도 쇠퇴해 버린다. '귀찮다', '될 대로 되라'는 마음이 일어난다. 즉 정신의 젊음을 잃은 것이다.

정신의 젊음이 몸의 컨디션을 잘 유지시켜 주고 육체적인 호조건이 정신의 젊음을 싱싱하게 해주는 것이다.

정신이 젊으면 무엇을 해도 즐겁다. 보는 것도, 듣는 것도, 하는 일도 신선한 기쁨을 느끼게 된다.

■ 위트와 유머가 상황 장악력을 키워준다

지금 유머가 비즈니스에 있어서 하나의 에티켓이 되어 있다. 세미나에서는 강사는 입을 열자마자 반드시 청중을 힘껏 웃게 만드는 이야기를 하는 것이 하나의 관례처럼 돼 있는 모양이다.

미국의 ○○보험회사가 사옥 신축 공사를 시작했을 때의 일이다.

한국의 경우처럼 공사 현장을 판자벽으로 둘러치고 있기 때문에 통행인은 안에서 무슨 일이 일어나고 있는지를 엿보고 싶어진다. 그래서 어른 키만한 높이에 구멍을 뚫어 그 안에 '신축 빌딩은 이렇게 세워집니다'라고 그림까지 그려 설명문이 보이도록 만들어 놓았다.

또 아이의 키만한 위치에다 아이들만이 들어와 볼 수 있는 구멍을 뚫어 놓았다. 그리고 훨씬 아래쪽에 "dog and cats only"(개와 고양이 전용)라고 쓴 구멍을 뚫어놓았다.

비즈니스가 준엄하면 준엄해질수록 인간관계가 표면적으로 되면 될수록, 유머는 점점 더 요구되게 된다. 그것은 마음속 여유의 표출(表出)이며 순간적인 지적 유희이기 때문이다.

대개의 동물은 울기는 하지만 웃는 동물은 적다. 웃음은 고차원의 정신 작용이며, 감정 개방의 표명이다. 대부분의 인간은 웃는 얼굴이 우는 얼굴보다 훨씬 매력적인 법이다. 웃음은 인간관계의 윤활유다.

단 한 마디 위트 있는 말을 했을 뿐인데 긴장된 공기가 확 풀려 버린 경우도 있다. 웃음과 유머는 사적인 교제에서 뿐만이 아니라 회의, 상담 등 비즈니스의 경우에도 무척이나 중요하다.
　그렇다고 하여 언제나 우스갯소리만 하고 있으면 경박하게 보인다.
　또 한 가지 인간적인 따뜻함에 항상 신경을 쓸 것, 자기와 함께 있는 사람을 조롱하거나 비웃거나 하는 따위의 유머는 날카로우면 날카로울수록 뒷맛이 더 쓰게 남는 법이다.

■ 적절한 절제가 더 아름다운 법이다

　표현력이 풍부하고 재치 있는 것은 좋지만 자기의 일을 실력 이상으로 떠들어 대는 것은 좋지 않다. 얘기를 들어 보면 청산유수인데 막상 일을 시켜 보았는데 감당하지 못한다고 할 때에는 신용만 떨어질 뿐이다.
　발돋움하는 자세를 취하는 것은 허영심이 강하기 때문이다. 허영심은 사람을 향상시키기도 하지만 동시에 파멸로 이끌어 가는 수도 있다. 수입에 대한 예측이 전혀 없는데도 돈을 무리하게 뿌린다면 언젠가는 반드시 앞이 딱 막혀 버린다.
　다른 하나는 자기 실력의 과대평가와 과신(過信)이다. 보일러도 열을 너무 지나치게 가하면 폭발을 일으켜 버린다. 자기 과신은 언젠가는 파탄(破綻)을 일으켜 남의 불신을 사게 된다.

발돋움을 하려는 자세는 자기 향상의 표현이다. 자기 실력보다 한 발자국 위에 있는 일에 도전하는 것은 좋다. 한 발자국 앞의 그리고 한 계단 높은 일에 부딪치지 않으면 실력도 늘어나지 않고 일도 많아지지 않는다.

주식의 투자에 있어서도 '산다, 판다, 쉰다'라는 원칙이 있다. 줄곧 벌어들이려고 하기만 하여 분주히 돌아치다가는 반드시 실패한다. 경영에 있어서도 그렇다.

급성장을 계속하면 보급이 미치지 못하는 전선(戰線)처럼, 일단 어느 곳인가 무너지기 시작하면 손을 댈 수 없게 되어 버린다.

실력을 과신한 행동을 취하면 실제로도 일이 잘 되어 돌아가지 않는다. 그래서 초조해진다. 초조히 행동하므로 악순환이 반복된다.

놀이에 있어서도 그렇다. 젊은이가 성공한 중년층과 똑같은 놀이를 하려는 것은 무리한 일이다. 젊은이는 젊은이답게 돈을 쓰지 않고도 여가를 즐길 수 있는 길이 얼마든지 있다.

일의 능력을 성장시키고 일을 성공시키려면 '내포(內包)된 자산(資産)'을 갖도록 항상 신경을 써야 한다.

장부상의 자산은 1억이지만 실제의 평가액이 5억이면 4억의 내포된 자산이 있게 되는 셈이다. 즉 숨은 실력인 것이다. 이러한 회사는 불황이 닥치더라도 어떻게든지 뚫고 나갈 수가 있다.

인간의 내포된 자산이란 첫째로 지식과 기술, 둘째로 인내력과 해내겠다는 의욕, 셋째로 건강이다. 이 세 가지 자질이 갖추어져 있으면 어떠한 경우에도 끄떡하지 않는다.

갑자기 밤을 새워 해내야 할 일이 닥쳐도 그리고 남들은 능력 이상이라고 여기는 일이라도 충분히 소화할 수 있을 것이다. 그럴 때 비로소 자신의 진가가 발휘되고 실력이 높이 평가될 것이다.

젊었을 때에 '내포 자산'의 축적에 노력한 사람이 참으로 대성할 수 있는 자질을 갖춘 사람이다.

■ 경청을 기본으로 한 대화야말로 참다운 소통

세일즈맨은 모두 말이 유창한 사람이라고 생각하는 사람들이 많다. 그러나 그것은 드라마나 소설 속에서나 그렇지 현실은 그렇지가 않다.

예를 들면 각 회사의 탑 세일즈맨 열 사람을 모았는데 그 가운데 60%쯤은 선천적으로 어느 편인가 하면, 말이 없는 편이고 줄줄 유창하게 떠들어 대는 타입들은 아니다.

물론 베테랑이므로 절대로 서툴지는 않지만 그들의 무기는 얘기를 잘 한다는 것보다 남의 얘기를 잘 듣는다는 쪽에 요체(要諦)가 있다.

예를 들어서 성급하고 화를 잘 내는 사람이 있다고 치자, 방문한 순간에 "자네 회사는 틀렸어. 예전에 이러이러한 일이 있었고 서비스도 나쁘고……." 등등, 소리쳐대기 시작한 사람은 사줄 가망성이 많다는 것이다.

손님은 불평불만을 털어놓아 버리면 후련한 마음이 든다. 또한 이러한 타입의 사람은 근본적으로 착한 사람이므로 지금까지 몰아낸 상대를 불쌍하게 여기기 시작한다는 것이다. 즉 대화의 대부분이 들어주는 것이므로 중요한 설명만을 잠깐 자기가 할 뿐이어서 세일즈가 성립되는 것이다.

카운슬링이라는 심리 기술에 있어서 내담자의 심리적 갈등을 바로 그 사람의 입장에서 들어주기만 할 뿐이지만 내담자는 상당히 마음의 뒤얽힘이 풀려지는 경우가 많다.

흘려버리는 식으로 듣고 있으면 카운슬러가 꼭 대답해 줘야 할 말까지도 "……이렇게 해야만 하겠지요." 하고 내담자 자신이 알고 있다는 식으로 나온다는 것이다.

일반적으로 의논이나 또한 사사(私事)에 얽힌 일에 대한 이야기를 듣는 방법의 요체는 상대방의 입장이 되어서 들어 줄 것, 열심히 듣고 있다는 것을 태도로 보여 줄 것, 비밀에 관한 일은 절대로 입 밖에 내지 않을 것 등이다. 입이 가벼운 사람에게는 절대로 좋은 이야기는 들어오지 않게 된다.

또 자기 자신에 대한 조언이나 지도(指導)에 관계되는 얘기는 냉정하고 솔직하고, 겸허한 마음으로 들어야만 한다.

옛날부터 예능을 숙달하는 비결은, "훔쳐서 자기 것으로 만든다"는 데에 있다. 남의 이야기를 듣고 거기서 플러스가 될 것을 훔쳐내는 그러한 마음가짐이 남의 이야기를 듣는 최고의 요체라고 해도 좋다.

■ 표현력이라는 강력한 창은 어떤 방패도 뚫는다

"스피치와 여성의 스커트는 짧을수록 좋다"라는 말이 있는데도 역시 파티 석상에서 장황하게 연설을 늘어놓는 사람이 있다.

현대는 자기표현의 시대다. 이야기를 하는 재주가 중요하다고 하여 조례(朝禮) 하는 시간에 차례차례 스피치를 시키고 있는 회사도 많다. 사실상 그래서 모두들 무척이나 말 재주가 늘었다. 그러나 관리자 클래스 이상의 사람 가운데 "말 주변이 도무지 없어서." 하고 불평하면서도 노력하려고 하지 않는 사람이 많은 것은 무엇 때문일까.

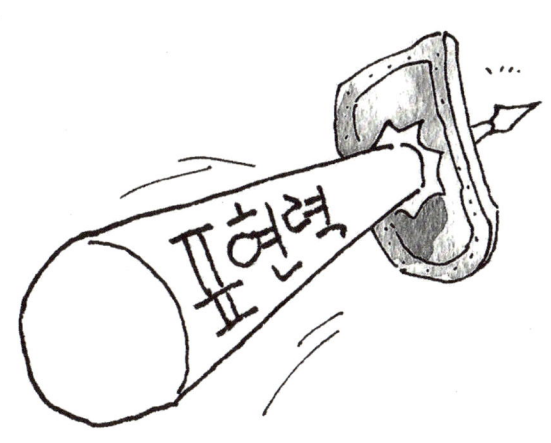

"그까짓 말재주 같은 것." 하고 경시하고 있는 것은 아닐까.

남의 위에 앉은 사람 특히 경영자에게는 표현 능력은 절대 불가결의 조건이다. 경영은 사장이 생각하는 것을 종업원의 노력을 통하여 실현시키는 것이다. 종업원을 납득시키고 종업원의 혼을 조정할 수 없으면 사업 목적을 달성할 수가 없다. 말은 쉽지만 이렇게 말하는 나 자신도 예전에는 뼈저리게 쓴 맛을 본 일이 있다.

첫째로 말하기를 연습을 하려면 우선 녹음기에 자기의 이야기를 녹음하여 들어 볼 필요가 있다.

둘째로 초보자는 누구나 그렇지만 스피드가 너무 빠른 것이 흠이다. 그래서 필자는 강연할 때 손바닥에 매직펜으로 '느리게 느리게'라고 쓴 뒤 강연을 시작하곤 했다.

셋째로 내용이다. 미리 골자만을 종이에 쓴다. 그 골자가 단단히 짜여져 있지 않으면 이야기의 중도에서 말이 막혀 버린다. 그리고 탈선하게 된다. 화제(話題)에 있어서 중요한 것은 청중과 공감(共感)의 광장(廣場)을 가져야 한다는 점이다.

예를 들면 부산에서 이야기할 때에는 부산 지방과 연관된 화제나 에피소드를 선택할 것, 이것은 이야기의 도입 부분에다 끼어 넣는 것이 한층 효과적이다. 또 60분에 하나쯤은 화제를 바꾸는 배려가 필요하다.

넷째로 '사이'이다. '사이'를 잘 두는 이야기는 일류다. 강연에서는 이해하기 쉽고, 재미있고 유익하게 할 수 있으면 그 이상 바랄 것이 없다.

■ 자신의 모습을 안다는 것

 필자는 매년 1월 달은 가족 사진을 찍기로 하였다. 매일매일은 실감할 수 없지만 일 년마다 사진을 찍으면 얼마나 변했는가를 잘 알 수가 있다.
 아이들이 성장에 놀라게 되는 것은 물론이지만 자기 자신의 변화에도 깜짝 놀란다. 생활이 어려웠을 때에는 날카로운 얼굴 모습이고 몸의 상태가 나쁠 때에는 얼굴이나 눈에 총기가 없다. 사진을 통해 얼굴 모습이 변해가는 것을 잘 알 수가 있는 것이다.
 필자는 지인들 회사나 사무실에 커다란 거울을 두도록 하고 있다. 자기 모습은 자기의 눈으로 볼 수가 없다. 보려면 거울을 비추어 볼 도리밖에는 다른 방법은 없다. 자기의 것은 자기가 잘 알고 있다고 하지만 실은 가장 알기 어려운 것 중의 하나이다. 과대평가하든가 과소평가하든가 그 어느 편이든 간에 객관적으로 공정하게 자기 자신을 판단하기란 여간 어렵지 않다.
 그래서 늘 거울을 통하여 냉정하게 객관적으로 나 자신을 인식하기 위해서인 것이다.
 예전엔 역사책을 '커다란 거울'이라든가 '장경(粧鏡)'이라는 식으로 '거울'에 비유했다. '경(鏡)'도 '감(鑑)'도, 똑같이 자기의 모습을 비추어 보는 것을 의미하는 글자다. 즉 역사를 자기들이 배우는 본보기의 책으로 생각하는 셈이다. 그것은 예컨대 무엇인가에게 자기의 모습을 비추어 보아 자기의 자태(姿態), 생김새를 올바르게 잡아 가는 것을 말하는 것으로 그것이 바로 성장이다.

사람은 상대방의 마음속까지는 들여다볼 수가 없는 법이다. 그래서 그 사람의 표면에 나타난 태도나 행동으로 평가한다. 그러므로 어떠한 태도와 행동이 남에게 그러한 오해의 씨앗을 뿌렸는가를 반성해 보는 계기를 얻게 되는 것이다.

이러한 방법으로 자기 자신을 평가받으면 자기의 맹점이 여러 가지로 분명히 밝혀진다. 예술가나 작가처럼 혼자서 일을 하는 사람이라면 모르지만 집단 속에서 일을 하려는 사람은 수많은 사람들이 어떻게 평가하고 있는가를 냉정하게 살펴서 반성하는 것이 성장과 비약으로 직결된다는 것을 알아야 한다.

친한 친구에게 한번 조언을 받아 보면 좋다. 항상 자기의 모습을 객관적으로 파악하여 반성의 재료로 삼는 것이 젊음을 잃지 않는 비결이기도 하다.

■ 최고를 꿈꾸면 살아서 전설을 남긴다

젊을 때에는 소박하고 생리적이고도 동물적인 욕구로 행동하는 경우도 있다. 명예나 지위가 없을 때에는 그러한 것이 동기가 되는 경우도 있다.

동료에게 지고 싶지 않다는 경쟁심, 공명심에 부채질당하는

수도 있을 것이다. 혹은 윤택하게 살고 싶다는 금전욕, 물질욕에 채찍질당하는 경우도 있으리라. 그러나 돈이 생기고, 지위가 붙고, 명성이 갖추어지고, 이제 천수(天壽)를 다했다고 여겨지는 노령이 되어서도 여전히 조금이라도 책을 많이 읽고 마음속에 장래의 꿈을 그리는 것은 바로 인간의 향상심, 탐구심이라고 밖에는 달리 생각할 수 없지 않을까.

한 가지 재주에 뛰어난 사람은 모두 그렇다. 그것이 그들의 생명의 불꽃을 타오르게 만들고 싱싱한 건강을 유지시켜 주고 있는 것이다. 그리고 강한 향상심을 품고 일순간도 탐구를 멈추지 않는 사람만큼 매력적인 사람도 없다.

대뇌생리학에 의하면 인간은 "네 살 때부터 무엇을 하겠다는 마음이나 탐구심이 자리 잡고 있는 전두엽(前頭葉)이 작용을 하기 시작한다. 자기들 앞에 모든 가능성인 숨은 미래가 열려 있어 그것을 향해 자유롭게 발상(發想)하고 자주적으로 행동하게 된다"는 것이다.

인간의 성장은 전두엽의 활동, 탐구심, 향상심에 있다고 할 수 있다. 머릿속에는 1백 30억개의 세포가 있지만 활용되고 있는 것은 불과 2~3퍼센트에 지나지 않는다고들 한다. 건방진 소리일지 모르지만 현재 나의 활동을 지탱해 주고 있는 것이 무엇이냐? 라는 질문을 받는다면 '좀 더 알고 싶다', '좀 더 보고 싶다', '좀 더 연구하고 싶다' 는 욕구 이외에는 없다고 대답할 것이다. 즉 인간의 모든 욕구 중에서도 가장 강력하고 가장 지속적인 욕구라고 생각한다.

그리고 또 이 욕구야말로 인간을 성장시키고 미지(未知)의 것에 대하여 도전(挑戰)케 하는 근원적인 원동력인 것이다. 이것은 또한 성공으로 이끄는 최대의 조건인 것이다.

무엇인가 탐구하는 것처럼, 어려운 일은 없을는지 모른다.

인생 항로에서 무언가 탐구하다보면 알 수 없는 것 투성이다. 이런 것이 인생일지도 모른다. 그래서 한없는 꿈이 있고 전진이 있는 것이다.

'인간의 매력' 이라는 것도 궁극적으로 미지(未知)인 자기 자신의 발견, 개발의 과정에서만 자라고 꽃피는 것이다.

독자 여러분들이 자신을 위한 '미지'의 추구과정을 통해서 행운과 성공과 행복을 발견하는 과정에 수많은 역경이 있을 것이다. 이러한 여정을 통해 여러분들이 가지고 있는 진정한 내면의 힘을 발견하고 사랑으로 가득한 최고의 자산을 만들어 가길 기도한다.

 MEMO

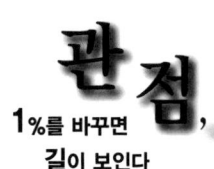

관점,
1%를 바꾸면
길이 보인다

초판　1쇄 : 2014년 12월 20일

지은이 : 이창호
펴낸이 : 채주희
펴낸곳 : 해피&북스

등　록 : 제10-1562호(1985.10.29)
주　소 : 서울특별시 마포구 신수동 448-6
전　화 : 02-323-4060, 6401-7004
팩　스 : 02-323-6416
메　일 : elman1985@hanmail.net
홈페이지 : www.elman.kr

마게팅 : 김연범(010-3767-5616)
마케팅지원 : 정수복

ISBN_ 978-89-5515-530-3 13810

이 책의 출판권은 저자가 가지고 있습니다.
저자와 출판사의 허락없이 내용의 일부를
인용하거나 발췌하는 것을 금합니다.